वो चाँद प्यारा प्यारा

डॉ. विजय मित्तल

डायमंड बुक्स
www.diamondbook.in

प्रकाशक : डायमंड पॉकेट बुक्स (प्रा.) लि.
X-30 ओखला इंडस्ट्रियल एरिया, फेस -II
नई दिल्ली 110020
फोन : 011-40712200
ई-मेल : sales@dpb.in
वेबसाइट : www.diamondbook.in
संस्करण : 2023

Wo Chand Pyara Pyara
by *Dr. Vijay Mittal*

करता हूं पुरुषार्थ सदैव और प्रार्थना भी हर बार
भला बुरा ईश्वर जाने जैसा रक्खे है स्वीकार

-डॉ. विजय मित्तल

विषय सूचि

व्यवसाय व विषय विशेष

1. अध्यापक 11
2. जज 12
3. एडवोकेट 13
4. पुलिस 14
5. आई ए एस 15
6. डॉक्टर 16
7. मनोरोग 17
8. डेंटल 18
9. होमियोपैथी 19
10. आयुर्वेदिक 20
11. नर्स 21
12. प्रकृतिक चिकित्सा 22
13. इंजिनियर 23
14. वास्तुकला 24
15. गणित 25
16. दौलत 26
17. किताबें 27
18. अम्बर 28
19. धरती 29
20. शजर 30
21. पानी 31
22. आग 32
23. फूल 33
24. आँखों 34
25. हाथ 35
26. प्लास्टिक 36
27. टेबल टेनिस 37
28. बेडमिंटन 38
29. क्रिकेट 39
30. फुटबाल 40

ग़ज़लें

1. दुनिया में हो अज़ीज़ हर इंसान को अना 41
2. क़स्में वादे प्यार बदलते रहते हैं............ 42
3. तजुर्बा तेरा बुज़ुर्गों से बढ़ के थोड़ी है............ 43
4. गर तेरी ख़ुदाई में बस एक ख़ुदा होता 44
5. बने जां पर तो डाक्टर को सभी भगवान कहते हैं 45
6.शायद कोई फ़र्ज़ निभाना बाक़ी है............ 46
7. ये तेरा हुस्न मेरी आशिक़ी से ज़्यादा है 47
8. क़ुदरत के कण कण में ममता सब इक दूजे के काम आए 48
9. काया थी तो माया नहीं............ 49
10. हो कोई तो ज़ीस्त, में हमसफ़र, रहूं तन्हा, कोई मज़ा नहीं 50
11. जिसका तू नाख़ुदा नहीं होता............ 51
12. शायरी दिल से करोगे तो असर आएगा............ 52
13. लोग मैय्यत प जो ये फूल चढ़ाने आये............ 53
14. रोटी मिले तुझे तो किसानों को याद रख 54
15. हाथ रख कर हाथ पर बनती हैं तक़दीरें कहीं............ 55
16. जुस्तजू में तेरी हर गाम से खुशबू आये............ 56
17. हमने कभी हालात से डरना नहीं सीखा............ 57
18. कौन कर पायेगा कैसे इंतखाब............ 58
19. यूँ ही सदियों से चली है दुनिया 59
20. काविशें अपनी जगह है बंदगी अपनी जगह............ 60
21. ये तो मामला दिलो जां का है कोई इश्क़ जैसी बला नहीं............ 61
22. ख़ुदी से कभी बाहर आ कर तो देखो 62
23. तैश में आने से गुस्ताख़ ज़ुबाँ होती है............ 63
24. सूरत पर इतना ईतराया ये सुन्दरता मिट्टी है 64
25. जहाँ बड़ों का आदर होता छोटों को मिलता है प्यार............ 65
26. मिलेगी ज़िंदगी में शौहरतें फिर सब बराबर............ 66
27. ज़माने को ग़ज़लें सुनाना भी है............ 67
28. हर घर की आन बान है और शान है पत्नी 68
29. चाहत तो है बदन की मुहब्बत की आड़ में............ 69
30. रंजो ग़म में ख़ुशी में काम आई............ 70
31. समय के साथ चल 71
32. कुछ अज़ीज़ों की निशानी बेच कर............ 72

33. हर एक जवां शख़्स का अरमान मुहब्बत 73
34. होता नहीं है उससे तो दरिया कभी भी पार 74
35. इश्क़ में जो जला, बुझा ही नहीं 75
36. फिर नदारद ख़्याल रिश्तों का 76
37. मुहब्बत से मुक़द्दस कोई भी जज़्बा नहीं होता 77
38. दुनिया को ऐसा देखा है 78
39. अच्छा हुआ जो हो गए हंसकर अलग-अलग 79
40. वो गर्दिश में भी कुछ मंज़र सुहाना ढूंढ लेता है 80
41. अजब निज़ाम का मंज़र दिखाई देता है 81
42. दिल का दर्द मिटा लेता हूं 82
43. यूँ तो दुनिया क़रीब आई है 83
44. जो शराफ़त से पेश आता है 84
45. भरोसा न करना जो हम बोलते हैं 85
46. इंसां की औक़ात ही क्या है वक़्त बहुत ही है बलवान 86
47. दोस्त तुम देख भाल कर रखना 87
48. दावा है तुम्हारा न कभी इश्क़ हुआ है 88
49. देर से बात ज़माने को समझ आई है 89
50. दुआएं ख़ैर की माँ रोज़ करती रहती है 90
51. वो शराफ़त में भरोसा कर गया 91
52. हम तो हैं उल्फ़त के मारे और क्या! 92
53. नज़र में आईना रखना किसी इल्ज़ाम से पहले 93
54. हक़ीक़तों को नज़र से छुपाया जाता है 94
55. मकान शीशे का सबका ज़रूर होता है 95
56. भला भलाई बुरे का बुराई देता है 96
57. बुरा हो वक़्त तो संसार सारा भूल जाता है 97
58. अगर सीरत न रास आये वो प्यारा हो नहीं सकता 98
59. जिसे सता के वतन से निकाल देता है 99
60. सरहद प जो तैनात हुए घर नहीं देखा 100
61. अपने किरदार को ऐबों से संभाला होता 101
62. जीवन का ये राज़ है जाना किश्तों में 102
63. हर घड़ी पैसे का रोना किसलिए? 103
64. बुलंदी पर हो लेकिन ज़िंदगी में फ़लसफ़ा रखना 104
65. दौलत का अरमान बहुत है 105

66. हमारे घर में यूँ तो क्या नहीं है 106
67. जीत इलेक्शन सर चढ़ बैठे जनता सेवक कौन बने 107
68. चुहलबाज़ी लतीफ़ों का हंसी का और होता है 108
69. फासला रह जायेगा दिल से उतर जाने के बाद........ 109
70. माना पुरखों की अनोखी शान है........ 110
71. गर कोई बेवफ़ा नहीं होता........ 111
72. ज़रा धुंधलका हुआ है ये रात थोड़ी है 112
73. ख़ुशी की चाह में निकले थे घर से........ 113
74. किसी का क़त्ल करने को निगाहे नाज़ काफ़ी है........ 114
75. कर्मों का तू फल पाएगा आज नहीं तो कल........ 115
76. आपको हमसे मुहब्बत कुछ नहीं........ 116
77. इज़हार ए इश्क़ पे वो मेरी मुस्करा दिए........ 117
78. है जुबां पर कुछ मगर दिल में छुपा कुछ और है 118
79. सूरज हो अगर डूबता क़ीमत ही कहां है 119
80. जिसको सच की जंग का अरमान है 120
81. भरोसा कर लिया सादा समझकर........ 121
82. दिल तो है बहुत नादाँ पर हमको संभलना है........ 122

नज़्म

1. टूटती सीमायें, जुड़ती संस्कृतियां, वसुधैव कुटुम्बकम........ 123
2. कविता 125
3. तब तक कुछ आराम कहाँ!........ 126
4. नींद क्या है?........ 127
5. 'फिर कब आओगे?' 128
6. नारी........ 129
7. वादा 130

तज़मीन

1. तू है हाथी तो रहे और मैं चींटी ही सही........ 131
2. जो सुनेगा उसे फिर याद बहुत आएगी 131
3. तू ज़मींदार मैं ग़रीब किसान 132
4. आई थी गहनों से........ 132
5. दूर यू इस में बसा है बेटा........ 133
6. चली गई हमें औलाद 133
7. जिसे है खौफ़ ए ख़ुदा........ 134
8. जानो ज़र हो अगर 134

9. नहीं ढूंढने से भी 135
10. नहीं दे सके तुम 135
11. अदालतों में अदल 136
12. बज़्म में यूं ही कब 136

मुक्तक

1. ख़ौफ़ उनको नहीं होता है कभी नाज़िम का 137
2. तुम्हारे हाथ ही में ज़ीस्त की तस्वीर होती है 137
3. ज़ख्म कितना भी दिल में गहरा हो 137
4. कोई भी हो हर एक की चाहत है दोस्ती 138
5. फ़र्ज़ कोई भी हो ईनाम कहा है मैंने 138
6. कोई मुश्किल हो बहुत आम कहा है मैंने 138
7. पानी खाद बीज कब काफ़ी 139
8. एक तोहफ़ा है ख़ुदादाद ये सांसें तेरी 139
9. उसे जब देखती है ख़ुद का बचपन याद आता है 139
10. सम्बन्धों की सुंदरता इक गरिमा होती है 140
11. ग़ज़लें हों गीत नज़्म की है जान तरन्नुम 140
12. नीयत हो तेरी साफ़ और सच्ची हो भावना 140
13. रूप रंग सत्ता शौहरत का यूँ भी नशा हो जाता है 141
14. कमतर या खूब कहता रहे ये जहाँ मगर 141
15. गुमां हो बहारों का दौरे ख़िज़ां में 141
16. जो भी सच की राह पर हरदम चला 142
17. बात करती हैं तेरी आँखों यूँ 142
18. कर्म की बात करे कोई गीता हो जाती है 142
19. जुनूं हो जाये गर मंज़िल का जिसको 143
20. कोई तक़रार हो, बेअदबी न होने पाए 143
21. मदद करता नहीं कोई भी जब तक ख़ुद न वो चाहे 143
22. तुम्हारा हमसफ़र हो कोई भी, आँखों खुली रखना 144
23. ये माना इल्म की ख़ातिर ज़रूरी है बहुत मकतब 144
24. ज़रा सी बात पर अश्कों से ये दामन भिगोना क्या! 144
25. कोई जो तुमसे मिलने के लिए फ़रियाद करता है 145
26. जहां में रंजो ग़म अपने छुपाना किसको आता है 145
27. कोई लाचार नाउम्मीद हो मायूसी का आलम 145
28. बड़ी नेमत ख़ुदा की है बनाया आदमी तुझको 146
29. निखरता है जो सोना आग से होकर गुज़रता है 146

30. जो रिश्ते बेशक़ीमत हैं चुकाओ मोल भी उनका 146
31. रहे ना जिस्म फिर भी ज़िंदा रहता है सदा लेखक........ 147
32. यहां पर हाथ मिलते हैं यहां पर जिस्म मिलते हैं........ 147
33. सोते हुओं को अब न जगा दूं तो बात क्या!........ 147
34. माना क ज़िंदगी में है दुश्वारियां बहुत........ 148
35. हासिल किया है कुछ, अभी बाक़ी बहुत मगर 148
36. होता है फ़र्क़ दिल्लगी और दिल लगी में दोस्त 148
37. कुर्सी नहीं रही तो वो शौहरत नहीं रही 149
38. दिखती नहीं हवा तो जहां में हवा नहीं?........ 149
39. कैसे बयां करूं मैं ये नायाब शख़्सियत 149
40. बहाना ही पड़ेगा ख़ू पसीना जीत की ख़ातिर........ 150
41. ख़ुशी गर चाहिए ग़म से गुज़रना भी ज़रूरी है 150
42. क्या मिला उसको जो मनमानी सदा करता रहा 150

गीत

1. कोवीशील्ड या कोवैक्सीन........ 151
2. कागज़ की महिमा........ 152

पैरोडी

1. ज़िंदगी हो गई
('ए ग़म ए ज़िंदगी' की तर्ज़ पर)........ 154
2. इंसां के जीवन में
('इक दिन बिक जायेगा' की तर्ज़ पर) 155
3. एफ बी पर हैं
('ओ मैं रोया परदेस में' की तर्ज़ पर) 156
4. बीमारियों का बोझ
('मैं ज़िंदगी का साथ' की तर्ज़ पर) 158
5. गर प्यारा ईमान
('फूल भरे हैं दामन दामन' की तर्ज़ पर)........ 159
6. दिल है बेताब
('ज़िंदगी जब भी तेरी बज़्म में' की तर्ज़ पर) 160
7. तेरी खुशबू मेरी
('कोई फ़रियाद' की तर्ज़ पर)........ 161
8. ज़िंदगी हार है जीत है
('ज़िंदगी प्यार का गीत हैं' की तर्ज़ पर)........ 162

1. अध्यापक

पढ़ लिख जग में नाम कमाना सिखलाता है अध्यापक
सब उदंडता तुम बच्चों की सह जाता है अध्यापक

ज्ञानदान से बेहतर कोई दान नहीं है जीवन में
हर मुमकिन कोशिश से तुमको समझाता है अध्यापक

कक्षा कभी न छोड़ के जाते होता अगर ज़रा एहसास
तुम्हें पढ़ाने ख़ुद कितना पढ़ कर आता है अध्यापक

डांट-डपट कर, हाथ उठा कर, ख़ुशी नहीं मिलती हरगिज़
दंड अगर दे, बाद में ख़ुद ही, पछताता है अध्यापक

उसके जीवन के अनुभव से सीख लो जितना सीख सको
जाने कब वो बात पते की कह जाता है अध्यापक

लाख कोशिशों बाद सफलता जो ना मिल पाई ख़ुद को
छात्र वो हासिल कर ले कितना सुख पाता है अध्यापक

2. जज

सब की ख़ातिर सही समय पर न्याय जो एक बराबर हो
फिर हर इंसां के दिल में कानून का डर और आदर हो

ईर्ष्या काम क्रोध लालच पर अंकुश सब रक्खें जग में
क्यूँ इतने अपराध हों गर इंसां को ईश्वर का डर हो

तर्कयुक्त विश्लेषण हो तो मिल जाये उपयुक्त सज़ा
बहस सबूत गवाह हों सच्चे नैतिक जज हो लॉयर हो

सर्वोपरि कानून रहे निष्पक्ष अदालत हो हरदम
चाहे अपराधी हो अफ़सर अभिनेता या मिनिस्टर हो

मजिस्ट्रेट जज जस्टिस न्यायाधीश मि लार्ड योअर ऑनर
भेदभाव बिन न्याय दिलाये क़लम में ऐसी पावर हो

3. एडवोकेट

एडवोकेट अटॉर्नी काउन्सिल सॉलिसिटर और बैरिस्टर
कितने अलगअलग नामों से जाना जाता है लॉयर

इस पेशे में केवल नियमों का ही ज्ञान नहीं काफ़ी
सफल वही जो करे समीक्षा विश्लेषण चिंतन बढ़ कर

लॉ प्रोफेशन में अनुभव का और रसूक का मोल बहुत
फीस किसी की एक मुश्त है या किश्तों में पेशी पर

हर सूरत में केस जीतने का दबाव होता ऐसा
आत्महत्या और नशे की लत पड़ जाती है इनको अक्सर

कोई प्रशासक, पत्रकार हो राजनेता या बैंक अध्यक्ष
हो कानून का ज्ञान अगर तो कामकाज होता बेहतर

4. पुलिस

ख़ाकी वर्दी पर होता है यहाँ हर इक शहरी को नाज़
पुलिस व्यस्था अगर न हो तो हो जायेगा जंगल राज

हवलदार इंस्पेक्टर कॉप दरोगा गार्ड सिपाही नाम
पुलिस के डंडे आगे किस अपराधी की निकली आवाज़

वाटर कैनन रबड़ की गोली बैटन अश्रुगैस यहाँ
फिर बन्दूक चले, आए ना जो भी करतूतों से बाज़

आई पी एस अधिकारी बनना होता है गौरवशाली
ए सी पी से सी पी लेवल तक हो सकती है परवाज़

इतने क़ातिल घूम रहे हैं आसां नहीं है इनकी जॉब
करें न ख़ुद की परवाह पुलिस में ऐसे होते हैं जांबाज़

5. आई ए एस

पहले आई सी एस थे अब ये आई ए एस कहलाते हैं
एस डी एम, डी एम, डी सी फिर एच ओ डी बन जाते हैं

पांच हज़ार में एक ही बामुश्किल होता एग्ज़ाम में पास
विरले ही भारत में आई ए एस अफ़सर बन पाते हैं

कर, कानून व्यवस्था और प्रबंधन है ज़िम्मेदारी
भारत सेवा ख़ातिर कैडर जोन्स में बांटे जाते हैं

सुबाराव सेशन विनोद योगेंद्र नरेश नरेंदर नाथ
ऐसे अफ़सर हुए जो देश में क्या ना कर दिखलाते हैं

यू पी एस सी, सी इ सी, सी ए जी, सेबी, राज्यपाल
बाद नौकरी कुछ आई ए एस और भी नाम कमाते हैं

6. डॉक्टर

बीमारियों का बोझ यूँ ढोता है डॉक्टर
दो चार घंटे ही कभी सोता है डॉक्टर

जब ज़िंदगी या मौत का हो सामने सवाल
भगवान सा मरीज़ को होता है डॉक्टर

छुट्टी मनाएं सैर सपाटा करे हैं दोस्त
आसाइशें जवानी की खोता है डॉक्टर

जो झोला छाप है वहां खतरा है जान का
बचना! वो सिर्फ नाम का होता है डॉक्टर

करते हुए इलाज जो खो बैठता है जान
शिकवा न लब पे लाए वो होता है डॉक्टर

7. मनोरोग

मनोरोग को रोग ही समझो सही वक़्त पहचान करो
रोग से ख़ुद अंजान है जो बीमार ज़रा सम्मान करो

डर तनाव चिंता विषाद से ग्रस्त है जो मानस रोगी
उसकी पीड़ा समझो, करो विचार, न तुम अपमान करो

भेदभाव दुर्भाव करो ना पागल कह कर तंज़ कसो
भूत प्रेत का साया नहीं, विकार समझ कर ध्यान करो

संभव है उपचार, बढ़ाओ हाथ, सहारा दो इसको
मनोरोगी का जीवन हो वरदान, इसे आसान करो

जादू टोना ओझा पंडित काम न आएंगे इसके
अस्पताल में ही होगा उपचार वहीं श्रीमान करो

8. डेंटल

सुबह शाम ब्रश करना अपने दांतों को मद्धम मद्धम
फ्लॉस भी दांतों बीच ज़रूरी प्लॉक कहीं ना जाये जम

रगड़ रगड़ कर साफ़ न करना करो कोयले से परहेज़
ब्रश हो सदा मुलायम बदलो तीन महीने में हरदम

कोल्ड ड्रिंक्स जूसिज़ से बेहतर है तुम दूरी ही रखना
फल और सब्ज़ी खूब रहे पर भोजन में हो चीनी कम

पान तम्बाकू धूम्रपान दांतों को हानिकारक है
बीमारी हो दांत मसूड़ों की तो सब सिस्टम बेदम

हर छह मास में इनका चेक आप याद से तुम करवा लेना
दांत हमेशा रहें सलामत और रहे इनमें दम ख़म

बचपन से ही ग़ौर करोगे हरदम जो इन बातों का
मनमोहक मुस्काहट होगी स्वस्थ रहेंगे दांत और ग़म

9. होमियोपैथी

होमियोपैथी के सिद्धांत में हैनिमैन का है चिंतन
एक बार में एक ही औषधि न्यूनमात्रा शक्तिकरण

रोग को जड़ से दूर करे फिर औषधि, स्वस्थ रहे जीवन
होमियोपैथी में होता है स्वस्थ मनुष्यों पे प्रमाणन

हो समानता रोगी के लक्षण और औषधि लक्षण में
समरूपता के सिद्धांत का होमियोपैथी में वर्णन

गंधक पारा संखिया जस्ता टिन लोहा सोना चाँदी
चूना तांबा टेल्यूरियम बेराइटा से औषधि का सृजन

रोगी और चिकित्सक दोनों को ही धैर्य की है दरकार
रोगी के जीवन इतिहास से संभव सही औषधि का चयन

10. आयुर्वेदिक

ईश्वर से संतों तक फिर मानव तक पहुंचा ज्ञान अपार
धनवन्त्री से सुश्रुत संहिता में आयुर्वेदिक उपचार

पाचन क्रिया मलत्याग उपाप्चय की गड़बड़ करती बीमार
वात, पित्त, कफ का असन्तुलन आयुर्वेद का है आधार

भूमि, अग्नि, आकाश, वायु, जल कहलाते पंचमहाभूत
ध्यान, योग, व्यायाम हो, उत्तम दिनचर्या, सात्विक आहार

आकृति, शब्द, स्पर्श, जीभ, मल, मूत्र, दृष्टि, नाड़ी की जाँच
खनिज़, धातु, जड़, बीज, छाल, फल, पत्तों से औषधि तैयार

मेरुरज्जु, गठिया, कैंसर हो, अस्थि, जोड़ का रोग कोई
दो हज़ार बरसों से जग में आयुर्वेद करे उपचार

11. नर्स

पी एच एन मैट्रन मिडवाइफ सिस्टर कहलाती है नर्स
पुरुष भी है पर ज़्यादा स्त्री ही पाई जाती है नर्स

नाइटिंगेल का जनम दिवस है अंतर्राष्ट्रीय नर्स दिवस
बीमारी से बचना और उपचार भी सिखलाती है नर्स

शुद्ध पेयजल धूप सफ़ाई ताज़ा हवा हो कुशल निकास
सेहत ख़ातिर इन बातों का मतलब समझाती है नर्स

इक मरीज़ की बीमारी में केवल दवा नहीं काफ़ी
मधुर वचन और सेवा भाव से स्वस्थ बना पाती है नर्स

रहे तनाव विषाद अनिद्रा बोझ काम का हो भारी
ममता करुणा त्याग की देवी सब कुछ सह जाती है नर्स

12. प्रकृतिक चिकित्सा

न शल्या चिकित्सा दवाई न टीका
इसे लोग कहते प्राकृतिक चिकित्सा

हो उपवास मालिश हवा धूप काफ़ी
हो ताज़ा ही भोजन प्रकृतिक हमेशा

न चाय न कॉफी न मीठा न मदिरा
कभी भूख से तुम न खाओ ज़ियादा

करो लेप मिट्टी का, ध्यान और व्यायाम
एनीमा जड़ीबूटी और जल चिकित्सा

कभी एक्यूपंक्चर तो साइकोथिरेपी
करे ठीक तन की समूची व्यवस्था

13. इंजिनियर

कोलोसियम या मिस्र पिरामिड है निर्माता इंजिनियर
चीन की ये दीवार बना इतिहास रचाता इंजिनियर

क़ुदरत से जो हासिल है वो सीख रहा है वैज्ञानिक
जो मौजूद नहीं उसको उपलब्ध कराता इंजिनियर

सिविल मकेनिकल विषय कैमिकल और इलेक्ट्रिक हैं बिग फोर
सड़क इमारत यंत्र यान क्या नहीं बनाता इंजिनियर

राजनीति व्यापार कला हो अर्थशास्त्र आयुर्विज्ञान
जाने कितने क्षेत्रों में किरदार निभाता इंजिनियर

लाभकारी आसान भरोसेमंद सुरक्षित यंत्रों से
मानव जीवन सरल सुखद खुशहाल बनाता इंजिनियर

14. वास्तुकला

ललितकला की शाखा है ये आनंदित करती मन को
मानवीय विज्ञान कला तकनीक सिखाती वास्तुकला
सुन्दर सुदृढ़ उपयोगी हो शामिल हो सिद्धांत हरित
जब निर्माण का असर हो दिल पर तब कहलाती वास्तुकला

15. गणित

वो गर हो एक इक के साथ ग्यारह बन दिखाएगी
तुम्हारी तीन और ना पांच फिर कुछ काम आएगी

है उससे आंकड़ा छत्तीस का शर्तें बहुत मुश्किल
न होगा तेल नौ मन और न राधा नाच पायेगी

वो पहुंचा आस्मां पर सातवें, आँखें हुई जो चार
मगर ये चांदनी दिन चार अँधेरी रात आएगी

सुनार अब सौ लगाए एक ही लोहार की काफ़ी
जहाँ हो पांच दो और दो, दबंगाई बचाएगी

रुकी ना स्टैंड पर गर हो गई नौ और दो ग्यारह
तो अपनी ग्यारह नंबर बस ही आखिर काम आएगी

16. दौलत

इंसान का अरमान है पहचान है दौलत
भगवान है इस दौर में ईमान है दौलत

रिश्ते हैं अहम, किस क़दर अन्जान है दौलत
जैसे हर इक इंसान की अब जान है दौलत

माँ बाप बहाते थे कभी ख़ून पसीना
मेहनत से कमाना कहाँ आसान है दौलत

तुझको तो है सोने से जवाहरात से मतलब
शायर के लिए ग़ज़लों का दीवान है दौलत

ये गाड़ियां बँगले ये अमीरी का दिखावा
कितना है बड़ा आदमी ऐलान है दौलत

कितनों ही का हक़ मार के बन बैठे हैं ज़रदार
इंसानियत अब कुछ नहीं है शान है दौलत

ढोता है जिसे हर घडी तू अपने ज़हन पर
जाये न कभी साथ वो सामान है दौलत

17. किताबें

इंसान के किरदार की पहचान किताबें
हर शख़्स का जीना करें आसान किताबें

ये इल्म बनाता है इक इंसान को अव्वल
सच्ची है तेरी दोस्त इक वरदान किताबें

मुश्किल हो कोई आपकी हो जाएगी आसान
हर क़िस्म का हो ज्ञान की है खान किताबें

वीरान है इनके बिना रहता है अधूरा
कैसा भी हो घर आपकी है शान किताबें

दानिश्वरों ने इल्म से जीता है जहाँ को
इंसान की ताक़त का है ऐलान किताबें

18. अम्बर

इंसान की नासमझी से लाचार है अम्बर
आलूदगी इस तरह के बीमार है अम्बर

पायलट हो या पंछी उसे संसार है अम्बर
धरती पे जो मुमकिन नहीं रफ़्तार है अम्बर

आता है नज़र इंद्रधनुष खूब नज़ारा
नीला तो कभी लाल सा रंगदार है अम्बर

सदियों से ही सरहद के लिए जंग है कायम
छोटी सी ज़मीं ही सही विस्तार है अम्बर

नायाब ये दौलत है नहीं कोई भी सानी
हाँ! चाँद सितारों का इक अम्बार है अम्बर

19. धरती

भूखा न कोई सोये निगहबान है धरती
दरअस्ल हर इक के लिए वरदान है धरती

झोली है भरी आब है दाना है संजोये
दहकां की गुज़र इससे है भगवान है धरती

ख़ुदगर्ज़ हो इंसान ने इसको किया घायल
खिलवाड़ जो क़ुदरत से हो तूफ़ान है धरती

आबाद है सदियों से, हसीं मस्त नज़ारे
शादाब ज़मीं फूल सी मुस्कान है धरती

देती है बहुत प्यार जो समझे है इसे माँ
मज़हब हो कोई ज़ात से अन्जान है धरती

20. शजर

फल फूल खुशबू छाँव का भंडार है शजर
क़ुदरत की देन है ये गज़ब प्यार है शजर

देता है इनको आसरा घर बार है शजर
पंछी का जीव जंतु का संसार है शजर

वो भी रहम का जीने का हक़दार है शजर
आरा चले तो क्या करे लाचार है शजर

जिसका है क़द बड़ा वो निशाना बना यहाँ
होता है संगबार जो फलदार है शजर

जीना तो है उसी का जो आये किसी के काम
छाया न दे न फल कभी बेकार है शजर

21. पानी

जीवन जैसे बहता पानी
चलते रहना कहता पानी

वो हर हाल में ख़ुश रहता है
जिसका जीवन बहता पानी

है जीवन अमृत सा पानी
शहर शहर ये बहता पानी

वो ही दूजे का ग़म समझे
जिसकी आंख में रहता पानी

पत्थर चट्टानों से खेले
उछल कूद कर बहता पानी

जैसे जैसे आगे बढ़ता
हाय! प्रदूषण सहता पानी

छेड़छाड़ गर करे न इंसां
अपनी हद में रहता पानी

22. आग

ज़िंदा अगर है आदमी तो आग चाहिए
मर जाये है वो जिस घड़ी तो आग चाहिए

आई बला को टालने करता है तू हवन
विपदा जो घर में आ पड़ी तो आग चाहिए

सह पायेगा न ठंड कड़क आग के बग़ैर
दरकार है जो रौशनी तो आग चाहिए

आसां नहीं है आदमी को भूख झेलना
जो आग पेट में लगी तो आग चाहिए

इसको गवाह मान के होगा तू इक से दो
शादी जो अब गले पड़ी तो आग चाहिए

ज़ीनत बने गले की भला आग बिन कहाँ
ख़्वाहिश जवाहरात की तो आग चाहिए

बरबाद कर के छोड़ेगी ये नफ़रतों की आग
करनी हो तुझको बंदगी तो आग चाहिए

23. फूल

जैसे बनता है हार फूलों से
बाग़ में है निखार फूलों से

गुलबदन फूल से हसीं चेहरे
है समाँ खुशगवार फूलों से

"ना" भी "हाँ" में बदल ही जाएगी
प्यार का कर इज़हार फूलों से

घर जो किलकारियों से गूंजेगा
ज़िंदगी में बहार फूलों से

घेर सकती नहीं उदासी उसे
जिसको होता है प्यार फूलों से

24. आँखों

नेमत ए ख़ुदादाद है वरदान हैं आँखों
इंसान के किरदार की पहचान हैं आँखों

दिल में जो है हर हाल में हो जाता है ज़ाहिर
अय्यारियों से शख्स की अनजान हैं आँखों

महफ़िल में भी हो जाती है नज़रों से गुफ़्तगू
इज़हार ए मोहब्बत का भी सामान हैं आँखों

आता है प्यार बेपनाह होता है खौफ़ भी
तूफ़ान हैं इक पल कभी मुस्कान हैं आँखों

जिनको नहीं नसीब है जीना बहुत मुश्किल
नाबीना का इक ख़्वाब है अरमान हैं आँखों

25. हाथ

आदमी को तो ख़ुदा ने हैं दिए दो दो हाथ
फिर भी सबसे ही क्यूं जाने वो करे दो दो हाथ

शुभ घड़ी आई तो फिर पीले हुए दो दो हाथ
रंग लाई है हिना खूब रचे दो दो हाथ

जुड़वाँ बेटों की ख़बर जैसे सुनाई उसको
झूम कर बोल उठा "अब हैं मेरे दो दो हाथ"

बाद बरसों के जो लौटा है जवान अपने गांव
उसके आ जाने से तादेर जुड़े दो दो हाथ

रो रहा था वो जो क़िस्मत को तो इल्हाम हुआ
"और क्या चाहिए तुझको हैं मिले दो दो हाथ"

बंद थी मुठठियां तो मिल न सके सालोंसाल
रंजिशें मिट गईं जैसे ही खुले दो दो हाथ

रुख़ी सूखी भी जो इज़्ज़त की मिले बहतर है
हाथ फैला के तू बदनाम करे दो दो हाथ

26. प्लास्टिक

थैला या बैग साथ हो आदत बनाइये
प्लास्टिक की थैलियां न कभी घर में लाइए

अब जूट कपड़ा गत्ता और कागज़ हो इस्तमाल
वन टाइम यूज़ प्लास्टिक जग से मिटाइये

कितने ही जंतु जानवर जायेंगे जान से
प्लास्टिक की थैली बोतलें न यूँ बहाइये

प्लास्टिक बहुत विषैला है होता है कैंसर
इस श्वेत प्रदूषण से अब ख़ुद को बचाइए

पर्यावरण में रहता हैं प्लास्टिक हज़ारों साल
ख़ुद को न सबकी जान का दुश्मन बनाइये

27. टेबल टेनिस

उम्र कोई हो सबको भाये टेबल टेनिस
हर क्लब की ये शान बढ़ाये टेबल टेनिस

शार्प कराती है सबके रेफ्लेक्सिज़ ऐसे
खेल खेल में फिट कर जाये टेबल टेनिस

'खूब टकाटक करता जा तू फलक क्षेत्र पर'
हिंदी में कुछ यूँ कहलाये टेबल टेनिस

बॉल ज़रा सी खूब नचाती है प्लेयर्स को
रंग जमाये दिल बहलाये टेबल टेनिस

एक बार लत पड़ जाती है जिसको इसकी
वो खेले, खेले ही जाये टेबल टेनिस

28. बेडमिंटन

बेडमिंटन की यही कहानी होती है
दूजे कोर्ट में शटल गिरानी होती है

यूँ तो लड़का खूब खेलता बेडमिंटन
लड़की कुछ ज़्यादा दीवानी होती है

शटल कॉक से खिंचा चला आता प्लेयर
फुर्ती देख बहुत हैरानी होती है

जीत की ख़ातिर स्मैश नहीं होता काफ़ी
कभी नज़ाकत भी दिखलानी होती है

शॉट पड़े है शटल पे इतनी तेज़ी से
मिनट मिनट में चेंज करानी होती है

सिंधू सइना गौरव हैं बेडमिंटन के
भिड़े जो इनसे पानी पानी होती है

खेल है उम्दा बेडमिंटन का लुत्फ़ उठा
हार जीत तो आनी जानी होती है

29. क्रिकेट

इंग्लैंड की ज़मीं पे गो पैदा हुआ क्रिकेट
भारत में राष्ट्रखेल सा अब हो गया क्रिकेट

क्या स्कोर है? यही तो है जुमला ज़ुबान पर
इंडियंस की सारी फ़िक्र भुलाता रहा क्रिकेट

छोटी है फाइन लेग तो गली, पॉइंट, थर्डमैन
कैसे अजीब नाम में उलझा रहा क्रिकेट

टी ट्वंटी, वन डेयर हैं जुड़े जबसे टैस्ट में
उस दौर से ही रंग बिरंगा हुआ क्रिकेट

हर क़ौम के खिलाड़ी यहाँ एक टीम में
इक दूसरे से जुड़ने का ज़रिया बना क्रिकेट

सदियों रहा है विश्व में जो भद्रजन का गेम
कुछ लालची ने कर दिया बदनाम सा क्रिकेट

30. फुटबाल

हर ज़ुबां पर प्रेज़ है फुटबाल का
खूब फीफा स्टेज है फुटबाल का

काम धंधा छोड़ जागें रात भर
किस कदर अब क्रेज़ है फुटबाल का

ये अभी तो थी वहाँ अब है यहां
गेम बेहद तेज़ है फुटबाल का

डेढ़ घंटे तक ये खाये ठोकरें
पागलों सा चेज़ है फुटबाल का

खेलने वाले करोड़ों में बिकें
ये नया ही फेज़ है फुटबाल का

ग़ज़लें

1.

दुनिया में हो अज़ीज़ हर इंसान को अना
है आदमी की ज़िन्दगी तो कर्म साधना

मज़हब कोई हो एक ही देते हैं प्रेरणा
जन्नत हो अपनी सरज़मीं, करते हैं कल्पना

संसार में हों सब सुखी रहती है कामना
नीयत है साफ़ प्यार की रखते हैं भावना

लाज़िम है शांति, आस्था, पूजा हो वंदना
श्रद्धा हो मन में तब कहीं होती है अर्चना

आशा की ज्योति निर्मला गंगा सा तन बदन
नैना तुम्हारे मदभरे बातों में संजना

सूरत तुम्हारी मोहिनी चंचल अदा बहुत
कामायनी सा रूप है कवि की हो कल्पना

वीणा की तान बांसुरी आराधना सफल
राधा की प्रीति हो या हो मीरा की साधना

2.

क़स्में वादे प्यार बदलते रहते हैं
जब चाहें दिलदार बदलते रहते हैं

शायद अब जो आये अच्छे दिन लाये
हम अपनी सरकार बदलते रहते हैं

नारी की क़िस्मत में है क़ैदी रहना
उसके पहरेदार बदलते रहते हैं

हर पल इतने फ़र्ज़ निभाता है इंसान
दिन भर में किरदार बदलते रहते हैं

कोई तो सच्ची तस्वीर दिखायेगा
सोच यही अख़बार बदलते रहते हैं

माल सजाने को दो गज़ भी ज़मीं नहीं
वो हर दिन बाज़ार बदलते रहते हैं

चप्पल खिसते फिरते है गलियों गलियों
और कुछ हर दिन कार बदलते रहते हैं

जिस्म भी क्या है एक पैरहन है यारो
जिसके दावेदार बदलते रहते हैं

3.

तजुर्बा तेरा बुज़ुर्गों से बढ़ के थोड़ी है
ये जायदाद इन रिश्तों से बढ़ के थोड़ी है

तुम एहतियात सब अत्फ़ाल के लिए ले लो
मगर ये माँ की दुआओं से बढ़ के थोड़ी है

ये फेसबुक का चलन व्हाट्सअप या कम्प्यूटर
मरासिमें ये किताबों से बढ़ के थोड़ी है

सहूलियत है बहुत पर बनावटी रिश्ते
शहर की ज़िंदगी गांवों से बढ़ के थोड़ी है

ये कामयाबी तुम्हारी बहुत मुबारक हो
उड़ान सोच की कवियों से बढ़ के थोड़ी है

लगा के जान की बाज़ी हमें रक्खें महफ़ूज़
कोई भी तबक़ा जवानों से बढ़ के थोड़ी है

4.

गर तेरी ख़ुदाई में बस एक ख़ुदा होता
रंजिश न कोई होती क्यूं ख़ून बहा होता

ख़ुदगर्ज़ न तुम होते, औरों का जो हक़ देते
कितनों की दुआ मिलती कितनों का भला होता

सर माथे बिठा लेते, ख़ुद वोट भी मिल जाती
जो कुछ था कहा अब तक, वो तूने किया होता

दिल तुमको नहीं देते, सौदा न कभी करते
है साथ तेरा दो पल गर हमको पता होता

तेरी भी ग़ज़ल बेशक मशहूर हुई होती
गर बात नई होती, अंदाज़ नया होता

5.

बने जां पर तो डॉक्टर को सभी भगवान कहते हैं
अदा करना हो बिल तो लालची शैतान कहते हैं

जो बेईमान शातिर है, उसे कहते हैं दानिश्वर
समय पर टैक्स सारा जो भरे नादान कहते हैं

बहू बेटी बहन माँ है हर इक परिवार की ज़ीनत
जो नारी की ही ना इज़्ज़त करे हैवान कहते हैं

नहीं परवाह अपनी, हिन्द में दहशत है जिसका ख़्वाब
जो बाज़ आये न करतूतों से पाकिस्तान कहते हैं

जो ताक़तवर हैं अपनी सरहदों से ख़ुश नहीं लगते
कभी नीयत न डोली जिसकी हिंदुस्तान कहते हैं

6.

शायद कोई फ़र्ज़ निभाना बाक़ी है
सांसों का कुछ क़र्ज़ चुकाना बाक़ी है

उम्र कट गई चोरी बेईमानी में
इज़्ज़त से इक बार कमाना बाक़ी है

अपना घर तो खूब किया मैंने रोशन
बाहर भी इक दीप जलाना बाक़ी है

एम बी ए कर सेवा की है औरों की
हिन्दुस्तां के काम में आना बाक़ी है

एक ही छत के नीचे हैं सब घर वाले
दिल से दिल के तार मिलाना बाक़ी है

मुझको बहुत दिया है देने वाले ने
बस इक तेरा लौट के आना बाक़ी है

यूँ तो पढ़ते ही रहते हैं मंचों से
लालक़िले से ग़ज़ल सुनाना बाक़ी है

7.

ये तेरा हुस्न मेरी आशिक़ी से ज़्यादा है
नज़र जो कह रही है शाइरी से ज़्यादा है

मिलन के बाद जुदाई न मार डाले मुझे
ये फ़िक्र वस्ल की हर इक ख़ुशी से ज़्यादा है

मेरा ग़ुरूर किसी शय का मैं गुलाम नहीं
तेरी कमी मगर अब हर कमी से ज़्यादा है

हमारे दिल पे वो गुज़री है राह ए उल्फ़त में
मरज़ मिला है जो चारागिरी से ज़्यादा है.

भुला न पायेगी दुनिया कभी मेरा किरदार
के उम्र इसकी मेरी ज़िन्दगी से ज़्यादा है

8.

क़ुदरत के कण कण में ममता सब इक दूजे के काम आए
मेघ से प्यास बुझे धरती की, माँ बच्चे को दूध पिलाए

मेहनत मजदूरी से थक कर रूखी सूखी खा सुस्ताए
सेज घास की, छाँव आम की और पुरवैया लोरी गाए

एक दौर वो था परिवार में एक कमाए सबको खिलाए
आज सभी कुछ है पर बूढ़ा वही बाप भूखा सो जाए

शहर में अम्नो चैन का दावा करने वालों उससे पूछो
आँख लगी है दरवाज़े पर जब तक बेटी घर ना आए

काम क्रोध लालच धोखे अपराध के दौर में जीने वाला
फिर सतयुग आएगा कह कर कौन किसे कब तक बहलाए

पोथी पर पोथी लिख डाली फिर भी बात तो रही अधूरी
दोहा शेर की यही ख़ासियत गागर में सागर भर जाए

9.

काया थी तो माया नहीं
माया है तो काया नहीं

खाने के लाले थे कभी
अब खाया तो भाया नहीं

जिससे छाया समर मिले
ऐसा पेड़ लगाया नहीं

ख़ुद में ही महदूद रहा
काम किसी के आया नहीं

पूजा पाठ तो खूब किये
रोते हुओं को हंसाया नहीं

आज तरसता है उसको
जिसको पास बुलाया नहीं

दौलत की बस हवस रही
जीना तुम्हें तो आया नहीं

10.

हो कोई तो ज़ीस्त, में हमसफ़र, रहूं तन्हा, कोई मज़ा नहीं
क्यूं सज़ा बनी, हैं ये चाहतें, मेरा हो के भी, वो मेरा नहीं

हुए साथ मेरे, यूँ हादसे, लगे कुछ भी, अब तो नया नहीं
जो जला, तो जल के बुझा नहीं, जो बुझा, तो बुझ के जला नहीं

जो गुज़र गया, तेरे संग कभी, मेरा वक़्त था, वो हसीनतर
तेरे बाद, यूँ तो मिले बहुत, मेरे दिल को, कोई जँचा नहीं

यूँ वो मुद्दतों से मिला नहीं, लगे है यहीं कहीं आसपास
कभी यूँ मकीं, मेरे दिल में था, मेरी ज़िन्दगी से गया नहीं

सर-ए-बज़्म देख के जाने जां,मेरे दिल का दर्द उबल पड़ा
तेरा ज़िक्र था अशआर में, जिन्हें सुन के तूने सुना नहीं

तेरी बेरुख़ी ने जता दिया, कोई और ही, है तू वो नहीं
वो भी पढ़ लिया, जो लिखा नहीं, वो भी सुन लिया,जो कहा नहीं

मेरी ज़िन्दगी भी अज़ाब है लिखी आंसुओं से किताब है
जो क़रीब है जो नसीब है मेरी धड़कनों से जुड़ा नहीं

11.

जिसका तू नाख़ुदा नहीं होता
हश्र उसका पता नहीं होता

सौंप ही दो किसी को जिंस ए दिल
हर कोई बेवफ़ा नहीं होता

है ज़ुबाँ पर तो दोस्ती और प्यार
दिल में क्या है पता नहीं होता

कोई भी मुझको छोड़ सकता है
मैं किसी से ख़फ़ा नहीं होता

कट तो जाती है ज़िंदगी तन्हा
ज़िंदगी में मज़ा नहीं होता

ज़ब्त रखना बहुत ज़रूरी है
बदहवासी में क्या नहीं होता

फर्ज़ से शख़्स बने कद्दावर
ज़र से कोई बड़ा नहीं होता

ज़िंदगी भर ही ना सुधर पाए
कोई इतना बुरा नहीं होता

सर झुकाओ न तुम हर इक दर पर
हर कोई देवता नहीं होता

12.

शायरी दिल से करोगे तो असर आएगा
रंजो ग़म और सहोगे तो असर आएगा

शेर तो तुमने हज़ारों में कहे हैं अब तक
जब इन्हें जी के कहोगे तो असर आएगा

मंच से पढ़ते ही रहते हो ग़ज़ल और मुक्तक
पहले महसूस करोगे तो असर आएगा

है शिकायत तुम्हें सुनता ही नहीं बरखुरदार
जो कहो ख़ुद वो करोगे तो असर आएगा

एक तुमसे नहीं बदलेंगे ये हालात कभी
साथ सब ले के चलोगे तो असर आएगा

ज़िन्दगी कितनी भी ग़मगीन रही हो इस पर
हो के बेफ़िक्र हंसोगे तो असर आएगा

13.

लोग मैय्यत प जो ये फूल चढ़ाने आये
मुस्कराते हुए इक रस्म निभाने आये

हमने टोका न इसे, दिल ने भी की मनमर्ज़ी
ठोकरें खाईं तभी होश ठिकाने आये

जब ज़रूरत थी तो पहुंचा न कोई चारागर
वक़्त पर आये जो वो माल चुराने आये

यूँ किसी भी के लिए आते हैं कब ये नेता
ज़ात को देख कर हमदर्दी जताने आये

जिसकी लाठी है उसी शख़्स की है भैंस यहाँ
झूठ के शोर से वो सच को दबाने आये

कितना सब खोया है कुछ कागज़ी टुकड़ों के लिए
गाँव को छोड़ जो शहरों में कमाने आये

चैन यूँ शहर में बर्दाश्त कहाँ था उनको
दैर या कोई हरम फिर से गिराने आये

सोचिये हाल अदब का हुआ है अब कैसा
सर प बैठे हैं जो दरियों को उठाने आये

14.

रोटी मिले तुझे तो किसानों को याद रख
सोये जो चैन से तो जवानों को याद रख

बच्चों की परवरिश में लुटाते खुलूसो प्यार
माँ बाप से मिले वो ख़ज़ानों को याद रख

परिवार की तरह ही थे सुख दुख में सब शरीक
उस गांव के जवानों, सयानों को याद रख

अब बेग़रज़ की दोस्ती मुश्किल है मेरे दोस्त
बचपन के संगी साथी पुरानों को याद रख

ज़िंदा अभी हैं लोग सदाक़त जिन्हें अज़ीज़
छूटा तू जिस वजह से बयानों को याद रख

15.

हाथ रख कर हाथ पर बनती हैं तक़दीरें कहीं
ख्वाहिशों से भी कटा करती हैं ज़न्जीरें कहीं

हो सुई का काम तो तलवार की दरकार क्यूं
तैश में भी कारगर होती हैं तदबीरें कहीं

ज़िंदगी को ज़िंदगी ही काम आती है सदा
कोई भी फ़रियाद हो सुनती हैं तस्वीरें कहीं

खूँ बहाना काम है इसका तो फिर हैरान क्यूं
रिश्तों की परवाह भी करती हैं शमशीरें कहीं

मंज़िलें हासिल हुई हैं चल के तपती रेत पर
ख़्वाब तो हैं ख़्वाब सच होती हैं ताबीरें कहीं

16.

जुस्तजू में तेरी हर गाम से खुशबू आये
तेरा हो कर दिले नाकाम से खुशबू आये

वस्ल क्या वस्ल के पैग़ाम से खुशबू आये
इस मुलाक़ात के अंजाम से खुशबू आये

साथ गुज़री तेरे, हर शाम से खुशबू आये
नाम लिख दूँ तो तेरे नाम से खुशबू आये

ये महोब्बत नहीं तो इसकी हक़ीक़त क्या है
तेरे घर बार दरो बाम से खुशबू आये

बेसबब कौन किसे मान दिया करता है
आपने जो दिया ईनाम से खुशबू आये

आओ! इंसान की क़ीमत के बदल दो मानी
शक़्ल सूरत से नहीं काम से खुशबू आये

17.

हमने कभी हालात से डरना नहीं सीखा
कैसी भी मुश्किलें हों बिखरना नहीं सीखा

अश्कों से अपना दामन भरना नहीं सीखा
मरने से पहले ही कभी मरना नहीं सीखा

हर आदमी की क़ीमत उसकी ज़ुबाँ से है
वादा किया जो उससे मुकरना नहीं सीखा

हम ज़िन्दगी के हादसों से और निखर गये
सागर में ग़र्क़ ज़िन्दगी करना नहीं सीखा

रुकने का नाम मौत है रहता हूं सफ़र में
इस राह ए ज़िन्दगी में ठहरना नहीं सीखा

18.

कौन कर पायेगा कैसे इंतख़ाब
आपकी तो हर ग़ज़ल है लाजवाब

आजकल रुख़ पर मुखौटे बेहिसाब
लाज़मी है पढ़ना चेहरे की किताब

कुछ भी हो तारीफ़ लायक, कर ही दो
नौनिहालों पर ये होता है सवाब

हर किसी से पूछते फिरते हो क्यूं?
कुछ सवालों में ही होता है जवाब

राह ए उल्फ़त काम ना आये सलाह
ख़ुद ही गिरना और संभलना है जनाब

कब मिली फुर्सत वफ़ाओं से तेरी
रक्खूँ क्या तेरी जफ़ाओं का हिसाब

हर किसी में कुछ कमी है लाज़मी
सामने सबके न करना बेनक़ाब

दूसरों के सुख की ख़ातिर जो जिये
ज़िंदगी तो है उसी की कामयाब

छू गये हैं दिल को कुछ अशआर क्या?
आपका चेहरा खिला जैसे गुलाब

19.

यूँ ही सदियों से चली है दुनिया
किसके जाने से रुकी है दुनिया

आपने अश्क बहाये तन्हा
आपके साथ हंसी है दुनिया

कुछ जो हासिल किया है गर हमने
जाने क्यूं इतना जली है दुनिया

आप जो साथ चले हैं मेरे
यूँ लगा जैसे थमी है दुनिया

जो भी इंसां चला है वक़्त के साथ
साथ उसके ही चली है दुनिया

आदमी ने ही संवारा इसको
आदमी से ही लुटी है दुनिया

कुछ सदाक़त तो बची है शायद
कुछ शरीफ़ों पे टिकी है दुनिया

क्यूं न अब हम ही बनायें बहतर
आपसे हमसे बनी है दुनिया

20.

काविशें अपनी जगह है बंदगी अपनी जगह
ख़ुद बनाता है जहाँ में आदमी अपनी जगह

शौहरतें अपनी जगह है दोस्ती अपनी जगह
कौन देता है किसी को आदमी अपनी जगह

एक दूजे से ही क़ीमत है मगर है फ़ासला
तीरगी अपनी जगह है रौशनी अपनी जगह

अज़्म है अपना निहत्थे पर नहीं करते हैं वार
है अज़ीज़ इंसानियत और दुश्मनी अपनी जगह

हम भी हैं मजबूर गो तुम हो हमें बेहद अज़ीज़
फर्ज़ है अपनी जगह और दोस्ती अपनी जगह

यूँ तो मुझ पर मेहरबाँ हरदम रहा परवरदिगार
ज़िन्दगी में है मगर तेरी कमी अपनी जगह

शेर कहना है ग़मे जानां ग़मे दौरां सबब
ज़िन्दगी अपनी जगह है शायरी अपनी जगह

21.

ये तो मामला दिलो जां का है कोई इश्क़ जैसी बला नहीं
कहाँ रुकते हैं कभी रोके से तुझे आशिक़ों का पता नहीं

जो झलक मिली, तेरी दफ़अतन, लगा, तू ही तो मेरा प्यार है
जो फ़िदा है, तुझपे ये दिल मेरा, मेरी इसमें कोई ख़ता नहीं

जिसे हो गया,गया काम से, बना दुश्मन उस का, जहाँ तमाम
न दुआ है, इश्क़ में कारगर, है मरज़ ये, जिसकी दवा नहीं

तेरे जिस्म से उड़ें खुशबुएँ तेरे होठों से मिली राहतें
है यूँ पाक सा ये बदन तेरा कभी जैसे तुझको छुआ नहीं

मेरी क़ुर्बतें, कहीं ये न हो, तुझे कर दें रुसवा, जहान में
मेरे साथ, चल तो दिया है तू, मेरी मंज़िलों का पता नहीं

ये नक़ाब क्यूं, ये हिजाब क्यूं, ज़रा, पास आ के नज़र मिला
तेरी फ़िक्र से, हूं मैं आश्ना, तेरा कुछ भी, मुझसे छुपा नहीं

उसे सुन सकूं उसे देख लूँ उसे छू सकूँ जो बढ़ाऊं हाथ
मेरी प्यास है मेरी आस है वो जो दूर हो के जुदा नहीं

22.

ख़ुदी से कभी बाहर आ कर तो देखो
क़दम दोस्ती का बढ़ा कर तो देखो

ज़रा सुर में सुर तुम मिला कर तो देखो
जो मुश्किल लगे गीत गा कर तो देखो

अकेले अकेले जिये जा रहे हो
हमें अपना हमदम बना कर तो देखो

के इसका भी यारो अलग ही मज़ा है
कभी बारिशों में नहा कर तो देखो

पिता की कमाई लुटाई है अब तक
पसीना ज़रा तुम बहा कर तो देखो

कमी जिसकी खलती है दिन रात तुमको
उसे पास अपने बुला कर तो देखो

कोई भी नहीं जिनका सारे जहाँ में
गले से उन्हें तुम लगा कर तो देखो

ये बस्ती जलाना तो आसां बहुत है
कभी कोई घर तुम बना कर तो देखो

मदावा नहीं ख़ुदकुशी, रंजोग़म का
गले ज़िन्दगी को लगा कर तो देखो

23.

तैश में आने से गुस्ताख़ ज़ुबाँ होती है
बात बढ़ जाए तो फिर बात कहाँ होती है

खूब है शख़्स अदब का न जो छोड़े दामन
अस्लियत आपकी बातों से अयाँ होती है

झूठी तारीफ़ की आदत ही नहीं है अपनी
सच कहूं बात ज़माने पे गरां होती है

छुप न पायेगी छुपाने से तेरे दिल की लगी
दास्तां है ये वो चेहरे से बयां होती है

मुफ़लिसी में घिरे माँ बाप, हुआ यूँ महसूस
देखते देखते ही बेटी जवाँ होती है

बद्दुआ लो न किसी शख़्स की हरगिज़ यारो
एक मज़्लूम के मुंह में भी ज़ुबाँ होती है

24.

सूरत पर इतना ईतराया ये सुन्दरता मिट्टी है
किसी के आंसू पोंछ न पाया जिस्म तुम्हारा मिट्टी है

रही न काया किसी काम की धन दौलत अब बेमानी
रिश्ते खोकर जो भी पाया वो सरमाया मिट्टी है

कहने को तो दोस्त हज़ारों में है तेरे एफ बी पर
वक़्त प गर जो काम न आया वो याराना मिट्टी है

जोश जवानी का बेहद था गीत ग़ज़ल तो बहुत कही
किसी ने कुछ सन्देश न पाया ऐसी कविता मिट्टी है

जब तक दिल के तार जुड़े हों लफ़्ज़ों की दरकार नहीं
गर विश्वास रहे न बाक़ी कुछ भी कहना मिट्टी है

दुनिया में क्यूँ आया था ये समझ न पाया जीवन भर
कोई निशानी छोड़ न पाया जन्म तुम्हारा मिट्टी है

25.

जहाँ बड़ों का आदर होता छोटों को मिलता है प्यार
जीवन की फुलवारी महके हर दिन होता है त्यौहार

नन्हें नन्हें फूल खिले हैं गुलशन में आई है बहार
किलकारी गूंजे जिस घर में खुशियों का होता भंडार

खेल खेल में सीख लिए हैं उत्तम जीवन के संस्कार
मात पिता संग दादा दादी का भी जिनको मिलता प्यार

इक दूजे संग वक़्त बिताएं सुख दुःख में रहते जो साथ
हर मुश्किल में साथ निभाना जॉइंट फैमिली का आधार

मन में गर संयम संतोष हो मान बढ़ेगा हर दिल में
चिंतामुक्त रहेगा जीवन फूले फलेगा वो परिवार

26.

मिलेगी ज़िंदगी में शौहरतें फिर सब बराबर
रहेगी काविशें भी रात और दिन जब बराबर

हैं जब तक मिडिया के सामने तो जानी दुश्मन
सदन के बाद हो जाते हैं नेता सब बराबर

न आएं साल भर फिर भी न होगा फेल कोई
हमारे स्कूल में घोड़े गधे हैं सब बराबर

अमीरी और ग़रीबी में रहा है फ़र्क़ हरदम
मुक़दमा एक सा हो फ़ैसला है कब बराबर!

जहां भर की भी दौलत उनके क़दमों में बिछा दो
मगर माँ बाप का एहसान होता कब बराबर

करेंगी नाम रौशन देश और माँ बाप का वो
जो बेटे बेटियों की परवरिश हो अब बराबर

अमन और चैन कायम हो न क़त्ले आम कोई
अगर हो जाएँ दुनिया में सभी के रब बराबर

27.

ज़माने को ग़ज़लें सुनाना भी है
और इसमें हमारा फ़साना भी है

जो पाना है कुछ तो गंवाना भी है
जो आया है हर हाल जाना भी है

ये माना हमें प्यार करते हो तुम
मगर रास्ते में ज़माना भी है

सभी कुछ रिसालों में छपता नहीं
जो ज़ाहिर नहीं वो फ़साना भी है

बिताओ ज़रा वक़्त बच्चों के साथ
ये जीने का अच्छा बहाना भी है

28.

हर घर की आन बान है और शान है पत्नी
ईमान है घर की तेरे पहचान है पत्नी

कितना भी तंज़ कीजिये शादीशुदा पे आप
दरअस्ल हर इक मर्द का अरमान है पत्नी

नाज़ों से बड़े पाला है माँ बाप ने इसको
टुकड़ा है जिगर का किसी की जान है पत्नी

औलाद तुझे बाप कहे इसकी बदौलत
सामान फालतू नहीं सम्मान है पत्नी

कोई भी छोड़ दे तुझे पत्नी है वफ़ादार
पति में कमी हज़ार हों क़ुर्बान है पत्नी

अबला न समझना कभी भूले से भी इसको
अपनी पे गर आ जाये तो चट्टान है पत्नी

29.

चाहत तो है बदन की मुहब्बत की आड़ में
करते हैं लोग नफ़रतें उल्फ़त की आड़ में

झगड़ा जो दर्मियाँ है मिटेगा न उम्र भर
मुद्दा तो ये अना का है इज़्ज़त की आड़ में

उनके भी हाथ पाँव हैं फिर मसअला है क्या
ख़ैरात मांगते हैं जो ग़ुरबत की आड़ में

कैसे कोई यक़ीन करे आदमी पे अब
लूटा है रहबरों ने ही ख़िदमत की आड़ में

हर साल ही इज़ाफ़ा है इक नौनिहाल का
तैयार कर दी फ़ौज क्यूं क़िस्मत की आड़ में

30.

रंजो ग़म में ख़ुशी में काम आई
दोस्ती हर घड़ी में काम आई

शायरी आशिक़ी में काम आई
आशिक़ी शायरी में काम आई

ग़म न हों फिर ख़ुशी के क्या मानी
तीरगी रौशनी में काम आई

एक कांटे से दूसरा निकला
इक खलिश दूसरी में काम आई

बैर बढ़ता गया था बातों से
ख़ामशी दुश्मनी में काम आई

होश वाले कभी न कर पाए
बेख़ुदी आशिक़ी में काम आई

ख़ुदकुशी वाला दे गया आंसू
ज़िन्दगी ज़िन्दगी में काम आई

31.

समय के साथ चल
वगरना हाथ मल

जहाँ के साथ ढल
या फिर साँचा बदल

है चलना सीखना
तो गिर गिर के संभल

है पाना कुछ अगर
तो फिर घर से निकल

पढ़ा तो खूब है
किया कितना अमल

गुज़र जाये है जो
न आये फिर वो पल

बना अपना वजूद
खिले जैसे कमल

32.

कुछ अज़ीज़ों की निशानी बेच कर
रोओगे चीज़ें पुरानी बेच कर

इस क़दर है प्यार दौलत से उन्हें
ज़िंदा हैं आँखों का पानी बेच कर

नामचीं शौरा का हम पर है करम
है गुज़र ग़ज़लें कहानी बेच कर

रोज़ लुटती है वो हाथों मर्द के
सांस चलती है जवानी बेच कर

बाप के किरदार पर वो दाग़ है
ख़ुश है जो बेटी सयानी बेच कर

33.

हर एक जवां शख़्स का अरमान मुहब्बत
भगवान का इंसां को है वरदान मुहब्बत

जीने का मज़ा आया है दरअस्ल मुझे आज
क्या खूब किया तूने ये एहसान मुहब्बत

चल तो दिए हो साथ मेरे इतना समझ लो
ये राह है पुरखार कब आसान मुहब्बत

समझा न कोई आज तलक आशिक़ी का राज़
दुनिया के उसूलों से है अन्जान मुहब्बत

दानिश्वरी ये दैरो हरम तुमको मुबारक
ईमान मुहब्बत मेरा भगवान मुहब्बत

34.

होता नहीं है उससे तो दरिया कभी भी पार
जो भी किनारे बैठ के करता है इंतज़ार

दे पायेगा न धोखा तू अब मुझको बार बार
लकड़ी की हांडी आग पे चढ़ती है एक बार

इक शोख की अदाओं का ऐसा चढ़ा नशा
दो पल का था विसाल रहा उम्रभर ख़ुमार

समझा नहीं ये राज़ ए महोब्बत कभी कोई
बेइंतहा क्यूं बेवजह आये किसी पे प्यार

आधे अधूरे मन से तअल्लुक़ में क्या मज़ा
हो दोस्ती या दुश्मनी कर दोनों आर पार

35.

इश्क़ में जो जला, बुझा ही नहीं
आप कहते हैं कुछ हुआ ही नहीं!

आपसे प्यार हो गया था कभी
और तो मेरी कुछ ख़ता ही नहीं

गर जो बिछड़ें तो इस तरह बिछड़ें
दोनों में कोई बेवफ़ा ही नहीं

ज़िन्दगी भर कभी सुधर न सके
इस क़दर कोई भी बुरा ही नहीं

प्यार से ही ये दुनिया कायम है
और जीने का रास्ता ही नहीं

36.

फिर नदारद ख़्याल रिश्तों का
फिर उठा है सवाल रिश्तों का

वक़्त पर तेरे काम आएंगे
ये वहम तू न पाल रिश्तों का

फिर अहम ने किया है घर बरबाद
फिर हुआ है मलाल रिश्तों का

ख़ुद में महदूद रह गया इंसां
पड़ गया है अकाल रिश्तों का

उसने दौलत कमाई रात और दिन
रह गया बस मलाल रिश्तों का

घर की इज़्ज़त को घर में ख़तरा है
किस क़दर है ज़वाल रिश्तों का

हर ख़ुशी ग़म में साथ देता है
बुन के रखना ये जाल रिश्तों का

37.

मुहब्बत से मुक़द्दस कोई भी जज़्बा नहीं होता
जहाँ हो दोस्ती गहरी कोई पर्दा नहीं होता

किसी की बेवफ़ाई आदमी को तोड़ देती है
यूँ ही तो कोई दुनिया में कभी शैदा नहीं होता

मशक्कत के बिना गुलशन में खरपतवार उगते हैं
है क़ीमत जिसकी जग में ख़ुद बख़ुद पैदा नहीं होता

कोई हो फ़न तुम्हारा ज़िन्दगी में काम आएगा
किया है इल्म जो हासिल कभी ज़ाया नहीं होता

मरण के बाद ही तो आदमी की क़द्र होती है
किसी की ख़ूबियों का जीते जी चर्चा नहीं होता

38.

दुनिया को ऐसा देखा है
हर इंसाँ अपना देखा है

अपना रस्ता भूल गए सब
जब तेरा चेहरा देखा है

तेरी बातें तेरे सपने
ऐसा तुझमें क्या देखा है?

दिल का सौदा जो करता है
कब सस्ता महंगा देखा है

जिसके दिल में खोट नहीं है
जो देखा अच्छा देखा है

दुनिया वालों की क्या कहिए
जब देखा पैसा देखा है

दिल में कुछ, कुछ और ज़ुबाँ पर
चेहरों पर पर्दा देखा है

तेरे फ़न के कायल हैं हम
रोतों को हंसता देखा है

सबको हंसाया आंख में आंसू
क्या मुझसा तन्हा देखा है?

39.

अच्छा हुआ जो हो गए हंसकर अलग-अलग
गर साथ रह न पाएं तो बहतर अलग-अलग

रक्खा जो फ़ासला तो रहे ज़िंदा ताल्लुक़ात
दीवार दरमियान है अब घर अलग-अलग

महलों में सोए कोई टपकती है छत कहीं
दोनों हैं आदमी तो क्यूं छप्पर अलग-अलग

दिल चीर कर दिखा दे जो अपने कलाम में
हर दौर में हैं ऐसे भी शायर अलग-अलग

हथियार से करे कोई करता ज़ुबान से
करने को क़त्ल होते हैं खंजर अलग-अलग

लड़ता रहा जो हक़ के लिए उम्र भर यहां
देखा है ऐसे शख्स का धड़ सर अलग-अलग

तक़्सीम कर न पाए सियासी कभी इन्हें
आबोहवा अलग कहाँ अंबर अलग-अलग

40.

वो गर्दिश में भी कुछ मंज़र सुहाना ढूंढ लेता है
हर इक इंसान जीने का बहाना ढूंढ लेता है

अगर जो ठान ले अपना ठिकाना ढूंढ लेता है
परिंदा भी तो आख़िर आबो दाना ढूंढ लेता है

ज़रा भी लीक से हटकर अगर कुछ काम करते हो
ज़माना कुछ तो कहने का बहाना ढूंढ लेता है

तुम्हारे जीने मरने से जिसे मतलब नहीं होता
पड़े कुछ काम तो रिश्ता पुराना ढूंढ लेता है

हुनरमंदों की दुनिया को हमेशा ही ज़रूरत है
कहीं भी हों उन्हें आख़िर ज़माना ढूंढ लेता है

41.

अजब निज़ाम का मंज़र दिखाई देता है
न शर्म आंखों में ना डर दिखाई देता है

बंटा है जो अभी बेटों के दर्मयान मेरा
उन्हें मकान मुझे घर दिखाई देता है

वो पूरा होगा जो देखोगे खोल कर आँखों
है क्या वो ख़ाब जो सो कर दिखाई देता है

कहीं उसी के न हाथों मिले शिकस्त तुझे
नज़र में तेरी जो कमतर दिखाई देता है

बचा सको तो बचा लो वो भाई है आख़िर
है डूबने को, फ़क़त सर दिखाई देता है

गिना रहे हैं सभी ऐब ये जहाँ वाले
जो तुझमें ख़ास है मर कर दिखाई देता है

था जिसका वादा हिफाज़त का मेरी बरसों बरस
मेरे ही ख़ून से अब तर दिखाई देता है

42.

दिल का दर्द मिटा लेता हूं
अपनी ख़ातिर गा लेता हूं

वो जैसे भी हैं अच्छे हैं
अपनों को अपना लेता हूं

जब वो मेरी बात न समझे
मैं ख़ुद को समझा लेता हूं

बच्चों के संग बच्चा बनकर
अपना बचपन पा लेता हूं

अच्छे दिन भी आ जाएंगे
मैं ख़ुद को बहला लेता हूं

चेहरों पर मुस्कान जगा कर
जीने का सुख पा लेता हूं

43.

यूँ तो दुनिया क़रीब आई है
पर दिलों में अभी भी खाई है

ये मुक़दमा तो कर रहे हो तुम
ज़द में तेरे तेरा ही भाई है

यूँ बुज़ुर्गों से की जो बेअदबी
इसमें तेरी ही जगहंसाई है

जंग में ख़ूं बहा के देख लिया
काम दानिश्वरी ही आई है

भूल कर ज़ात धर्म साथ रहें
इसमें हम सब की ही भलाई है

44.

जो शराफ़त से पेश आता है
उसको कायर जहाँ बताता है

जो भी डरता नहीं है मरने से
जीना दरअस्ल उसको आता है

वो ही गुमराह तुझको करता है
वो ही फिर रास्ता दिखाता है

अहमियत जानता है पैसे की
ख़ूं पसीने से जो कमाता है

शुक्रिया! ए जहाँ के रखवाले
क्या सलीक़े से सब चलाता है

45.

भरोसा न करना जो हम बोलते हैं
ज़ियादा हमारे करम बोलते हैं

किसी की बुराई न हो जाये हमसे
यही सोच कर हम तो कम बोलते हैं

असर गुफ़्तगू उनकी रखती है ज़्यादा
जो अल्फ़ाज़ सबको नरम बोलते हैं

अजब दौर देखा है दुनिया का हमने
करम से ज़ियादा धरम बोलते हैं

है दानिश्वरों की जहाँ में ये पहचान
ज़ियादा वो सुनते हैं कम बोलते हैं

सरे बज़्म कहना मुनासिब न तेरा
समझता हूं नैना जो नम बोलते हैं

नहीं तू बताये ज़ुबाँ से कभी कुछ
ग़ज़ल में तेरे दिल के ग़म बोलते हैं

46.

इंसां की औक़ात ही क्या है वक़्त बहुत ही है बलवान
कभी किसी में प्राण फूँक दे कभी किसी की ले ले जान

बिगड़ा काम भी बन जाता है वक़्त की ताक़त को पहचान
इंसां को हैवान बनाये कभी बनाये है भगवान

वक़्त की क़ीमत कब समझोगे इससे बढ़ कर क्या है दान
अपना वक़्त तुझे जो देता करता है तुझ पर एहसान

इंसां का इल्ज़ाम है बेजा सरपट भागे, थम जाये
सदा एक रफ़्तार से चलता वक़्त का भी तो है ईमान

क्या है भरोसा धन दौलत का जिस्म तुम्हारा फ़ानी है
जो ख़ुद पर अभिमान करे है सबसे बड़ा है वो नादान

आज जो करना अभी तू कर ले काम कोई भी कल प न टाल
चला गया जो कभी न लौटे वक़्त है कुछ ऐसा मेहमान

जो भी करना पूरे मन से काम करे तू या आराम
जीना फिर आसान रहेगा और ज़िन्दगी इक वरदान

47.

दोस्त तुम देख भाल कर रखना
फिर हमेशा ख़्याल कर रखना

जिनसे रिश्तों पे आंच आती हो
वो बहस कल प टाल कर रखना

दूसरों में तो ऐब ढूंढ लिए
ख़ुद से भी कुछ सवाल कर रखना

रिश्ते होते हैं कांच से नाज़ुक
ज़िन्दगी भर संभाल कर रखना

साथ चलना है गर ज़माने के
वक़्त में ख़ुद को ढाल कर रखना

खून ए दिल से तू शायरी करना
और कलेजा निकाल कर रखना

48.

दावा है तुम्हारा न कभी इश्क़ हुआ है
ग़ज़लों में तो जज़्बात का तूफ़ान छुपा है

है इश्क़ मरज़ ऐसा सज़ा में भी मज़ा है
ख़्वाहिश न दवा की न कोई लब पे दुआ है

हो जाये ख़फ़ा कब उसे ख़ुद भी नहीं मालूम
उसकी जफ़ा का हर घड़ी अंदाज़ नया है

मिलता है बहुत हौसला, दिलकश तेरे वादे
वरना तो यहाँ कौन भला किसका हुआ है

मंसूबे बनाता है जो सदियों के जहाँ में
उसको भी है मालूम सदा कौन रहा है

49.

देर से बात ज़माने को समझ आई है
ग़ौर फरमाओ तो हर शेर में गहराई है

फिर न मिल पायेगी ये ज़िन्दगी तो दोबारा
फ़िक्र दुनिया की क्यूं दुनिया तो तमाशाई है

क्यूं यक़ीं मुझको किसी पर भी नहीं हो पाता
बेवफ़ाई तेरी अब देख कहाँ लाई है

तुम पशेमान हो हमसे, न भुला पाए हमें
बात ही बात में ये बात निकल आई है

हार मानी न कभी और संवरते ही गए
इम्तहां ले के मेरे ज़िन्दगी पछताई है

50.

दुआएं ख़ैर की माँ रोज़ करती रहती है
कली है सहमी सी खिलने से डरती रहती है

तमाम रात ही गुज़री है तेरी यादों में
पुरानी चोट है अक्सर उभरती रहती है

हंसी लबों प है आँखों छलक रही हैं मगर
कोई तो आरज़ू है दिल में मरती रहती है

जहाँ भी जाते हो मिलते हो गुफ़्तगू में सदा
तुम्हारे इल्म की खुशबू बिखरती रहती है

थमेगा मौत से पहले न ज़िन्दगी का सफ़र
ख़ुशी या ग़म हो सभी की गुज़रती रहती है

51.

वो शराफ़त में भरोसा कर गया
घर किराये पर दिया और घर गया

और सब तो टालते ही रह गए
काम करना था जिसे वो कर गया

जब तलक देखा न था डरता था वो
मौत को देखा तो उसका डर गया

कितनी ही यादें लिपट के रो पड़ी
बाद मुद्दत जब वो अपने घर गया

ज़िन्दगी अपने उसूलों से ही जी
बच गई दस्तार बेशक़ सर गया

वक़्त रुख़सत का है कोई ग़म नहीं
जैसे दुनिया से मेरा दिल भर गया

52.

हम तो हैं उल्फ़त के मारे और क्या!
जानो दिल तुम पर हैं हारे और क्या!

हैं ख़फ़ा अपने ही सारे और क्या!
साथ तेरा सौ सहारे और क्या!

पूछते हो क्या हमारे दिल का हाल
हो गएँ हैं बस तुम्हारे और क्या!

तेरी आँखों में दिखाई दें सभी
मेरे सूरज चाँद तारे और क्या!

संग तेरे दश्तो सहरा, हो खंडहर
खूबसूरत सब नज़ारे और क्या!

साथ चलते हैं कभी ना मिल सकें
आप और हम दो किनारे और क्या!

53.

नज़र में आईना रखना किसी इल्ज़ाम से पहले
तुम्हारा नाम आएगा हमारे नाम से पहले

तुम्हारी आरज़ू हम इश्क़ की राहों में खो जाएँ
ज़रा हम पूछ तो लें इस दिल ए नाकाम से पहले

मयस्सर है कहाँ इन्सान को रोटी मकां कपड़ा
जहाँ में हैं बहुत उलझन रहीमो राम से पहले

बहुत सी मुश्किलों से आदमी हर तौर बच जाये
अगर अंजाम भी वो सोच ले हर काम से पहले

हो जिसकी क़द्रो क़ीमत ऐसी शय पाना नहीं आसाँ
बहुत खोना भी पड़ता है किसी ईनाम से पहले

बुलाएगा हमें इक दिन, उसे फिर मुंह दिखाना है
बहुत से काम बाक़ी है अभी आराम से पहले

54.

हक़ीक़तों को नज़र से छुपाया जाता है
दिखाना चाहें जो वो ही दिखाया जाता है

जहाँ में ख़ुद की न हो जाये कम कहीं क़ीमत
जो हीरा है उसे पत्थर बताया जाता है

पलट के पूछ न ले कोई कुछ ख़ुदाओं से
कहर के ख़ौफ़ से उसको डराया जाता है

कहीं उठे अगर आवाज़ जनता हक़ मांगे
सुना के वादों की लोरी सुलाया जाता है

किया था साहिब ए मसनद ने संगबार जिसे
फिर उसके नाम का पत्थर लगाया जाता है

55.

मकान शीशे का सबका ज़रूर होता है
वो कौन है यहाँ जो बेकूसूर होता है

बहुत हों मुश्किलें, गर्दिश हो, दश्तो सहरा हो
जो देखो ग़ौर से रस्ता जरूर होता है

जहाँ कभी कोई रिश्ता हमारा घायल हो
ये तय है दोनों का इसमें कुसूर होता है

जहाँ भी प्यार से सब इक मकां में रहते हों
हो टूटा फूटा भी वो घर ज़रूर होता है

सहारा ले के कभी ज़ात पात मज़हब का
वही अकड़ता है जिसका कुसूर होता है

अमीर ए शहर से नज़दीकियां निकल आये
कुसूरवार भी फिर बेकूसूर होता है

फतह जो कर लिया ख़ुद को किसी ने दुनिया में
सुकून दिल में और चेहरे पे नूर होता है

है रिश्ता ख़ून का आख़िर, कहीं हो लख़्ते जिगर
हो घर से दूर भी कब दिल से दूर होता है

56.

भला भलाई बुरे का बुराई देता है
ख़ुदाई जिसकी उसे सब दिखाई देता है

है शोर उसको तुझे सुर सुनाई देता है
है जैसा जो उसे वैसा दिखाई देता है

न जाने ज़ख्म मिले कितने राहगीरों को
जहाँ ये रास्ता तुमको दिखाई देता है

वही तो क़त्ल की साजिश में था तेरी शामिल
जो पकड़े जाने पे झूठी सफ़ाई देता है

जिसे मिले न बहाना सज़ा से बचने का
वो ज़ात धर्म की अक्सर दुहाई देता है

पलक झपकते ही हालात होंगे बेक़ाबू
अगर निज़ाम तू कुछ भी ढिलाई देता है

सबब तलाश करें लोग गर सवाब करो
भलाई करना भी अब तो बुराई देता है

कहाँ भरेंगे कभी साथ वक़्त के यारो
वो घाव गहरे जो अपना ही भाई देता है

57.

बुरा हो वक़्त तो संसार सारा भूल जाता है
कड़ी हो धूप तो अपना भी साया भूल जाता है

हो कितना भी हसीं हर ख़्वाब की इतनी हक़ीक़त है
खुले आँखों तो हर इन्सान सपना भूल जाता है

मेहरबाँ है ख़ुदा तुम पर तराशा इस क़दर जानम
तुम्हें जो देख ले इक बार, रस्ता भूल जाता है

खिंची दीवार आंगन में है भाई भाई का दुश्मन
हवस दौलत की हो जाये तो रिश्ता भूल जाता है

ये क़ुदरत का करिश्मा है मिले जब बाप का दर्जा
के उसका पेट भरने को वो खाना भूल जाता है

वो दोनों ज़िन्दगी की शाम में अब बोझ लगते हैं
मिला मां बाप से अब तक वो बेटा भूल जाता है

58.

अगर सीरत न रास आये वो प्यारा हो नहीं सकता
तुम्हारा ही वो कब था वो तुम्हारा हो नहीं सकता

हर इक इन्सान को सब चाहिए रोटी मकां कपड़ा
फ़क़त नारों से वादों से गुज़ारा हो नहीं सकता

हंसी किलकारियों से गूँजता है मेरा घर आँगन
क इससे खूबसूरत तो नज़ारा हो नहीं सकता

भला कैसे जुदा होगा कोई नाख़ून ऊँगली से
जहाँ हो ख़ून का रिश्ता किनारा हो नहीं सकता

यही बहतर है ख़ुद संभलो संभालो ग़ैर को यारो
हमेशा के लिए कोई सहारा हो नहीं सकता

59.

जिसे सता के वतन से निकाल देता है
ज़माना बाद में उसकी मिसाल देता है

ए काश जान सकूँ अपना हाले मुस्तक़बिल
वो मुस्करा के मुझे कल पे टाल देता है

जवाब ढूंढ लिया अपनी उलझनों का मगर
ख़ुदा कभी कभी मुश्किल सवाल देता है

कभी जो पूछ लूँ क्या हश्र होगा उल्फ़त का
वो मेरे नाम का सिक्का उछाल देता है

बहा के ख़ून पसीना मकां बनाया कभी
उसे बुढ़ापे में बेटा निकाल देता है

है बेशक़ीमती हर एक लम्हा जीवन का
गिने चुने ही तो वो माहोसाल देता है

कहाँ है वश में किसी के कहे वो कोई ग़ज़ल
करम उसी का है उम्दा ख़याल देता है

60.

सरहद प जो तैनात हुए घर नहीं देखा
इक उम्र हुई रेशमी बिस्तर नहीं देखा

इज़्ज़त न बचा पाया जो बेटी की ये नाज़िम
मुद्दत हुई उस बाप ने हंसकर नहीं देखा

ताउम्र रहा फ़न की बुलंदी से वो महरूम
गिर गिर के जिस इंसान ने उठ कर नहीं देखा

व्यापार की ख़ातिर यहाँ ढह जाती है बस्ती
धनवान ने निर्धन का वो छप्पर नहीं देखा

बरसों हुए वो रह गया अब शहर का होकर
किस हाल में माँ बाप है मुड़ कर नहीं देखा

हँसते हैं जो दिल खोल के अंदाज़ प मेरे
दिल में जो फंसा है मेरे नश्तर नहीं देखा

बेचैन है जो हीरे जवाहरात की ख़ातिर
हँसते हुए रूख़सार का ज़ेवर नहीं देखा

जिसको ये गुमाँ उससे हसीं है न जहाँ में
शायद कभी उसने मेरा दिलबर नहीं देखा

61.

अपने किरदार को ऐबों से संभाला होता
उम्र भर फिर तेरी क़िस्मत में निवाला होता

फिर कोई आह फुगाँ और न ये नाला होता
अपने बच्चों को सलीक़े से जो पाला होता

इम्तहानों से अगर ख़ुद को खंगाला होता
ज़िन्दगी में तेरी खुशियों का उजाला होता

आज फुटपाथ प होता न ठिकाना तेरा
गर जो मां बाप को घर से न निकाला होता

तू भी शौहरत की बुलंदी को कभी छू लेता
ख़ौफ़ पस्ती का अगर दिल से निकाला होता

62.

जीवन का ये राज़ है जाना किश्तों में
कुछ खोना है और कुछ पाना किश्तों में

सीरत को पहचान है सूरत दो दिन की
ढल जाता है रूप सुहाना किश्तों में

शौक़ प्यार का महंगा है बेहद यारो
अश्कों से फिर दाम चुकाना किश्तों में

कई बरस से डटा हुआ है सरहद पर
होता है घर आना जाना किश्तों में

छोड़ के अपने खूब कमाया रात और दिन
अब अपना सुख चैन गंवाना किश्तों में

63.

हर घड़ी पैसे का रोना किसलिए?
रात दिन का चैन खोना किसलिए?

आरज़ू क्यूं हो महल जैसा मकां
हीरे मोती चांदी सोना किसलिए?

हा! ख़रीदा तुमने ये एज़ाज़ क्यूं?
इस तरह मशहूर होना किसलिए?

मतलबी ख़ुदगर्ज़ हैं जो आदमी
ऐसे रिश्तों को है ढोना किसलिए?

उम्र भर का साथ झूठा ख़्वाब है
अश्क से दामन भिगोना किसलिए?

वक़्त से पहले न कुछ मिल पायेगा
बेवजह का रोना धोना किसलिए?

घर से बहतर क्या है दुनिया में भला
घूमते हो कोना कोना किसलिए?

64.

बुलंदी पर हो लेकिन ज़िंदगी में फ़लसफ़ा रखना
ज़मीं पर पाँव हो कायम, नज़र में आइना रखना

ग़म ए फ़ुर्क़त में दिलबर तेरी यादों का सहारा है
कभी मिलना न मुमकिन हो, मेरे हक़ में दुआ रखना

किसी भी इम्तहां में ज़िंदगी के, काम आएँगी
तबीयत में शराफ़त और नज़रों में हया रखना

न जाने कौन तुझसे ज़िंदगी में फेर ले नज़रें
कोई कितना भी प्यारा हो मगर कुछ फ़ासला रखना

ये माना हो गया तर्क ए तआलुक़ और कदूरत भी
रहेगी वापसी मुमकिन कोई दर भी खुला रखना

बहुत उम्मीद से बैठे हैं ये रचनाएँ सुनने को
पढ़ो जो मंच से श्रोताओं की ख़ातिर नया रखना

ख़ुशी का दौर है जी भर मनाओ भूल मत जाना
बुरा कब वक़्त आ जाये, है बहतर कुछ बचा रखना

65.

दौलत का अरमान बहुत है
इंसां तू नादान बहुत है

जीवन में गर चाहत कम हों
फिर जीना आसान बहुत है

राह ए वफ़ा पर चलने वाले
ये रस्ता वीरान बहुत है

काम क्रोध लालच और चिंता
तेरे सर सामान बहुत है

दान दहेज़ फ़िज़ूल की बातें
जिसको कन्यादान बहुत है

मुफ़लिस है और पांच बेटियां
बेटे का अरमान बहुत है

काम करें क्यूँ ग़ैर की खातिर
अपना हिंदुस्तान बहुत है

66.

हमारे घर में यूँ तो क्या नहीं है
यही ग़म है कोई रहता नहीं है

हमारे दिल में यूँ तो क्या नहीं है
मकीं था जो मगर रहता नहीं है

कहाँ जाता है बरखुरदार, उसने
बताया है कभी पूछा नहीं है

हम आये आप से तुम तू प जबसे
हमारे दरम्यां परदा नहीं है

यही फ़ितरत है अक्सर आदमी की
सुनाता है मगर सुनता नहीं है

हुकूमत ज़ुल्म ढाती है बराबर
अगर कोई भी कुछ कहता नहीं है

जो सब कुछ चाहते हो ज़िंदगी से
हमेशा वो मगर होता नहीं है

लगा है आना जाना क्यूँ जहां में
ये इंसां आज तक समझा नहीं है

67.

जीत इलेक्शन सर चढ़ बैठे जनता सेवक कौन बने
जीवनभक्षक सरल है बनना जीवनरक्षक कौन बने

ग़लती करता है नवअंकुर खिल्ली ख़ूब उड़ाते हो
बालक को जो दिशा दिखाए ऐसा पालक कौन बने

व्यस्क हुए तो काम क्रोध चिंता लालच ने आ घेरा
निष्पापी कुंदन कोमल मन निर्मल बालक कौन बने

अनपढ़ अज्ञानी का जीवन क़दम क़दम पर दूभर है
ज्ञान से जग को रोशन कर दे ऐसा दीपक कौन बने

धर्म में अंधे, पशु की खातिर, खून बहाते इंसां का
गौरक्षक तो बन जाते हैं मानव रक्षक कौन बने

68.

चुहलबाज़ी लतीफ़ों का हंसी का और होता है
ग़ज़ल के शेर कहने का सलीक़ा और होता है

यूँ खुशियां हैं मयस्सर आदमी को ज़िंदगानी में
नज़रिया कामयाबी का सभी का और होता है

हैं सब खुशहाल, अम्नो चैन का दावा है नाज़िम का
तजुर्बा दर हक़ीक़त आदमी का और होता है

हुई मुद्दत तुझे देखा नहीं, सांसें तो चलती हैं
मगर एहसास अब तेरी कमी का और होता है

जतन सारे किये जिस बेवफ़ा के ग़म भुलाने में
ख़्यालो ख़्वाब में आना उसी का और होता है

मकां रोटी या कपड़े में ही खो देना न जीवन को
ये है अनमोल, मक़सद ज़िंदगी का और होता है

69.

फ़ासला रह जायेगा दिल से उतर जाने के बाद
इक ख़ला रह जायेगा तेरे मुकर जाने के बाद

वक़्त रहते सब गिले शिकवे मिटा लेना ए दोस्त
ख़ून बहता है बहस हद से गुज़र जाने के बाद

देख लो जी भर गले मिल कर उसे रुख़सत करो
क्या भरोसा वापसी का जंग पर जाने के बाद

वक़्त ए रुख़सत जानता था बाप भी अच्छी तरह
फिर न मुड़ कर आएगा बेटा शहर जाने के बाद

काश ऐसा हो तेरा दामन न छूटे उम्र भर
दाग़ रह जाता है दिल का ज़ख्म भर जाने के बाद

70.

माना पुरखों की अनोखी शान है
आपकी अपनी कोई पहचान है?

आप रोटी के भी हैं क्या मुस्तहक़?
आपको मक्खन का तो अरमान है

जो बना बैठा है अपना बादशाह
वो हमारा ही चुना दरबान है

शेर कहने की कभी कोशिश करो
फ़बतियाँ कसना बहुत आसान है

तू कहाँ था और जायेगा कहाँ
ख़ुश है जो इस बात से अन्जान है

71.

गर कोई बेवफ़ा नहीं होता
फिर कोई मुद्दआ नहीं होता

हर ख़ुशी उसके लिए बेमानी
ग़म से गर सामना नहीं होता

जो बताता है दूसरों का हाल
उसको अपना पता नहीं होता

जो कमाते हो ज़िंदगानी में
वो सभी आपका नहीं होता

बन गया जिसका रिश्ता कुर्सी से
वो किसी का सगा नहीं होता

हो गए इतने हम पुराने से
अब तो कुछ भी नया नहीं होता

जो नहीं चाहता किसी का बुरा
उसका कुछ भी बुरा नहीं होता

72.

ज़रा धुंधलका हुआ है ये रात थोड़ी है
अगरचे हार मिली है वफ़ात थोड़ी है

जिता दिया तुम्हें, लड़ने का हौसला तो रहे
क शय मिली है हमें पर ये मात थोड़ी है

सिला वफ़ा का है क्यूं बेवफ़ाई दुनिया में
है चेहरा ज़र्द क्यूं, ये तेरी बात थोड़ी है

हैं मुश्किलों के अगर पल मुकाबला करना
गुज़र ही जायेंगे पूरी हयात थोड़ी है

अज़ीज़तर हैं मुझे ताल्लुक़ात दौलत से
हैं टुकड़े कागज़ी, ये कायनात थोड़ी है

ख़ुशी का दौर तो होता है दो घड़ी भर का
तमाम ज़िन्दगी ग़म से निजात थोड़ी है

हर एक शख़्स को मिलना है ख़ाक में इक दिन
उसूल एक सा है ज़ात पात थोड़ी है

73.

ख़ुशी की चाह में निकले थे घर से
मगर ग़म आ गए जाने किधर से

अगर बैठा रहे गिरने के डर से
नहीं परवाज़ होगी बालो पर से

ये बच्चा भी बख़ूबी जानता है
उसे देखा है किसने किस नज़र से

दुआ में हैं सभी घरवाले उसकी
मरीज़ अच्छा हुआ है इस ख़बर से

बस अब मुड़ते ही मंज़िल है, बता दो
थके हारे जो बैठे हैं सफ़र से

74.

किसी का क़त्ल करने को निगाहे नाज़ काफ़ी है
हमें मदहोश करने को तेरी आवाज़ काफ़ी है

मेरे नग़्मों की ख़ातिर ये मेरी आवाज़ काफ़ी है
तुम्हारी महकी सांसों का सुरीला साज़ काफ़ी है

अलग ही शख़्सियत है जो मिले हो जाये दीवाना
किसी की बेख़ुदी को आपका अंदाज़ काफ़ी है

हज़ारों दोस्ती का दम भरें फिर भी बशर तन्ह
मुझे दुनिया से क्या लेना के तू हमराज़ काफ़ी है

किसी की इब्तदा से कामयाबी का है अंदाज़ा
सफ़र हो जायेगा पूरा तेरा आगाज़ काफ़ी है

बज़ाहिर बालोपर से मंज़िलें किसको हुई हासिल
बुलंदी के लिए ये क़ुव्वते परवाज़ काफ़ी है

तिरंगा शान से लहराएगा हर हाल भारत में
तुम्हारे दस की ख़ातिर अपना इक जांबाज़ काफ़ी है

75.

कर्मों का तू फल पाएगा आज नहीं तो कल
तुझको वक़्त ही समझाएगा आज नहीं तो कल

सूरत पर इतराने वाले सीरत का है मोल
रंग रूप सब ढल जाएगा आज नहीं तो कल

बेचैनी ये लोभ ये चिंता सब बेमानी है
तेरा तुझको मिल जाएगा आज नहीं तो कल

करने दो परवाज़ उसे इक दिन ख़ूँ बोलेगा
जाने वाला लौट आएगा आज नहीं तो कल

जब तक जग में है तू अपना फ़र्ज़ निभाता चल
लेने वाला ले जाएगा आज नहीं तो कल

76.

आपको हमसे मुहब्बत कुछ नहीं
आपसे हमको शिकायत कुछ नहीं

ले गई आंचल उड़ा बाद ए सबा
इसमें अब मेरी शरारत कुछ नहीं

मिल गई मजबूर से रिश्वत तुम्हें
इस कमाई में तो बरकत कुछ नहीं

ख्वाहिशें कर ली हैं अपनी बेशुमार
वरना इंसाँ की मुसीबत कुछ नहीं

रोटी कपड़ा हो, मक़ाँ हो, प्यार हो
आदमी की और ज़रूरत कुछ नहीं

सब मुसाफ़िर हैं यहाँ, आये गए
और दुनिया की हक़ीक़त कुछ नहीं

77.

इज़हार ए इश्क़ पे वो मेरी मुस्करा दिए
अंगड़ाई ले के हाथ अदा से उठा दिए

वादे वफ़ा के उसने हंसी में उड़ा दिए
इक पल में सारे नक़्श ए महोब्बत मिटा दिए

उनकी निगाह ए नाज़ के चर्चे हैं इस क़दर
जलवाफ़रोज़ क्या हुए रस्ते भुला दिए

कुछ भी किया जो लीक से हट कर जहान में
दुनिया ने उनकी राह में कांटे बिछा दिए

सब मुस्करा के सह लिए ज़ुल्मो सितम तेरे
हँसते हँसाते ज़िन्दगी के दिन बिता दिये

78.

है ज़ुबां पर कुछ मगर दिल में छुपा कुछ और है
हमसे मिलने का तुम्हारा मुद्दआ कुछ और है

अब किसी के दिल में क्या है जानना मुश्किल है दोस्त
बोलता कुछ और है वो सोचता कुछ और है

बिक भी जाते हैं सहाफ़ी अब रिसाले मुल्क में
मसअला कुछ और है लेकिन छपा कुछ और है

काम जो करता है अपना, दिल लगाकर, शौक से
लाज़मी उसकी तरक़्क़ी फ़ायदा कुछ और है

खेलने खाने में सोने ही में तू ज़ाया न कर
ज़िंदगी जीने का प्यारे रास्ता कुछ और है

आदमी की ख्वाहिशें पूरी नहीं होती कभी
कुछ भी मिल जाए उसे वो चाहता कुछ और है

ये बहर मीटर रदीफ़ और क़ाफ़िया काफ़ी नहीं
दिल को छू जाए ग़ज़ल का क़ायदा कुछ और है

79.

सूरज हो अगर डूबता क़ीमत ही कहां है
औलाद को अब तेरी ज़रूरत ही कहां है

बेटा हुआ मसरूफ़ यूँ पैसे की हवस में
बैठे वो तेरे पास अब फ़ुर्सत ही कहां है

क़ाबिल है तो सर आंखों प बैठाएगी दुनिया
मांगे से मिली भी तो वो इज्ज़त ही कहां है

"हम प्यार में हरगिज़ न करें वादा ख़िलाफ़ी"
बहके से ख़यालात की क़ीमत ही कहां है

बलबूते प अपने ही तो पहचान बनेगी
ख़ुद ही न मरे कोई तो जन्नत ही कहां है

80.

जिसको सच की जंग का अरमान है
राह है कांटों भरी सुनसान है

जीत की ख़ातिर किए जो वायदे
अब निभाना आपका ईमान है

एक अबला बन गई उसका शिकार
जिसको सब कहते हैं वो भगवान है

ख्वाहिशें हैं सात पुश्तों के लिए
आदमी दो रोज़ का मेहमान है

गर कहीं जाओ बस इतना सोच लो
आपसे इस देश की पहचान है

81.

भरोसा कर लिया सादा समझकर
वो हमको खा गया चारा समझकर

निभाता है अलग अंदाज़ से वो
हर इक रिश्ते को इक सौदा समझ कर

क्यूँ दुनिया ही भुला बैठा है आशिक़
किसी से इश्क़ को दुनिया समझ कर

उसी ने फिर से इज़्ज़त लूट ली है
जिसे छोड़ा था एक बच्चा समझकर

फ़रेब अक्सर हमें खाने पड़े हैं
किसी भी ग़ैर को अपना समझ कर

इबादत कर रहे हो रायगां ही
जो क़तरा है उसे दरिया समझ कर

उसी ने राह दिखलाई जहां को
जिसे ठुकरा दिया शैदा समझ कर

82.

दिल तो है बहुत नादाँ पर हमको संभलना है
किस राह प चलना है किस राह से बचना है

इंसान निखरता है कुछ ज़ख़्म के होने से
सबकी न दवा करना कुछ दर्द को सहना है

कुछ बात प ख़ामोशी करती है असर दूना
किस बात प चुप रहना किस बात प कहना है

ये भी है समझ लाज़िम है कौन तेरे हक़ में
किस शख़्स से मिलना है किस शख़्स से बचना है

इस बात से दानाई होती है तेरी ज़ाहिर
किस बात प ख़ामोशी किस बात प हंसना है

हर काम तो जीवन में इंसां के नहीं वश में
किस काम को तजना है किस काम को करना है

इंसां ये तेरा जीवन फिर होगा कहीं बेहतर
कब वक़्त बदलना है, कब वक़्त में ढलना है

नज़्म

1. टूटती सीमायें, जुड़ती संस्कृतियां, वसुधैव कुटुम्बकम

बेशुमार लोग हैं जहां भर में
अपनी अपनी हैं ज़ुबानें सब की
कितनी रस्में हैं किस्में हैं मज़हब कितने
बटे हुए हैं इन्सां सरहदों में आज भी

मगर कुछ है अभी बाक़ी जो जोड़ता है हमें
एक जैसी है हर इन्सान के दिल की ज़ुबां
एक जैसी है हंसी अश्क ख़ौफ़ रंजो ग़म
एक जैसा है जज़्बा अम्नो तरक़्क़ी का

रोक पायेगा फिर कौन फ़िक्र की उड़ानों को
मुंह की खाएंगे हर हाल में दहशत पसंद
कर न पायेगा कोई नेता मुल्क के टुकड़े
हम मनाएंगे सब इक साथ मिल कर
ईद दीवाली क्रिसमस गुरुपुरब

ढंग जीने का तुम्हारा सही जुदा हमसे
रहे हयात प दो चार क़दम साथ चलो
अगर इन्सान की मेहनत कहीं भी रंग लाये
क्यूँ न हर शख्स को हासिल हो तरक़्क़ी ऐसी
ज़ुल्म दहशत ग़रीबी बीमारी

अगर बरपा है जहाँ में, किसी भी कोने में
कोई सरहद कोई ताक़त न रोक पायेगी
कोई भी शख्स न रह पायेगा महफ़ूज़ कहीं

ये जंग हमको इक साथ ही लड़नी होगी
एक धरती है मसाइल हैं यकजा सबके
कोई सीमा नहीं सरहद नहीं ख़ुशी ग़म में
...कोई न ग़ैर, ये है वसुधैव कुटुम्बकम!

2. कविता

कविता
कागज़ पर उतरना चाहती है
बेचैन है
इसे मत रोको
मत टालो
नहीं तो मर जायेगी
या नीरस हो जायेगी

बहुत काम पड़े हैं
बहुत काम करने हैं
जो सुबह डायरी में लिखे थे
सोच सोच कर

काम होते रहे हैं
होते रहेंगे
ख़त्म हुए तो
और जुड़ते रहेंगे

कविता मन की आवाज़ है
अनमोल है
नाज़ुक है
पाक है

दिनचर्या में उलझा कर
इसे दूषित मत करो
घायल मत करो
बेमौत न मरने दो
उतार दो कागज़ पर
अभी
इसी वक़्त

3. तब तक कुछ आराम कहाँ!

गर कोई भूखा नंगा है
फुटपाथों पर जा सोता है
पढ़ लिख कर भी नाकारा है
भीख पे ज़िंदा रहता है
तब तक कुछ आराम कहाँ!

इंसानों की क़द्रो क़ीमत
दौलत से ही इज़्ज़त शौहरत
हर विकास की दौड़ निरर्थक
आबादी बेक़ाबू जब तक
तब तक कुछ आराम कहाँ!

कुर्सी को है पूर्ण समर्पण
भ्रष्टाचार ही बना आचरण
वादे करके भूला रक्षक
जनता का रक्षक है भक्षक
तब तक कुछ आराम कहाँ!

देश के अंदर ही बंटवारा
इस सूबे का अंदरवाला
उस सूबे का बाहरवाला
धर्म ज़ात पर ख़ून खराबा
तब तक कुछ आराम कहाँ!

नारी हो बाहर या भीतर
उसकी अज़्मत को ख़तरा है
दौलत से क़ानून बिका है
सत्यमेव जयते झूठा है
तब तक कुछ आराम कहाँ!

4. नींद क्या है?

हम रोज़ आते हैं दुनिया में
रोज़ चले जाते हैं
हमेशा के लिए जाने से पहले

ख़्वाब क्या है?
कुछ नाकाम नामुमकिन सी हसरतें
जो नींद में पूरी हो जायें

वक़्त क्या है?
कभी दोस्त कभी दुश्मन
कभी मेरा कभी तेरा
दल बदलता
कभी न थमता

प्यार क्या है?
किसी से यूँ जुड़ना
चार सू हर लम्हा वो ही नज़र आये

ज़िन्दगी क्या है?
कुछ पाना कुछ खोना
कुछ खुशियां कुछ आंसू

5. 'फिर कब आओगे?'

जहां एक से दो हुए
दो से तीन, फिर चार
और चल दिए
कहीं दूर
इन्हें वीरान छोड़कर

बरसों बाद
जब दाख़िल हुआ
तो जैसे
वही दरो दीवार
मुझसे बतियाते रहे
घंटों
और पूछा
'फिर कब आओगे?'

6. नारी

नारी तू जननी है, ज्ञाता है....मूक संतान की दृष्टि बख़ूबी समझती है
तू कंठ से कोकिला है.... बोल भी गीत से मधुर
तू सुन्दरता की प्रतिमा है.... सृष्टि की अनमोल कृति
फूल सी कोमल.... कष्ट पड़ने पर पत्थर सी कठोर
तू दुर्गा है, शक्ति है.... संतान की ढाल है

तू अन्नपूर्णा है.... तेरे रहते परिवार भूखे पेट नहीं सोता
तू करुणा है.... दूसरों का दुख अपना समझती है
तू प्यार है.... बेटी सा दुलार, पत्नी सी संगिनी, माँ सी ममता है
तू त्याग की मूर्ति है.... अपना अस्तित्व दांव पर लगा सबका
अस्तित्व बनाती है
तू समस्त परिवार का सम्बल है, ज़ीनत है
नारी तू श्रद्धेए है

7. वादा

उन्होंने सात जन्मों के वादे कर डाले
और मैंने
यूँ ही इक दिन वादा याद दिलाया तो बोले
"मैंने कब कहा?"
"हाँ कहा"
"तो तुमने यक़ीन क्यूँ किया?"

तज़मीन

1.

तू है हाथी तो रहे और मैं चींटी ही सही
तेरी औक़ात बताने के लिए काफ़ी हूँ
देखता क्या है हिक़ारत से मुझे ए नादाँ
मैं तेरी नींद उड़ाने के लिए क़ाफी हूँ

हर हक़ीक़त को मेरी ख़ाक समझने वाले
मैं तेरी नींद उड़ाने के लिए क़ाफी हूँ
-राहत इंदौरी

2.

जो सुनेगा उसे फिर याद बहुत आएगी
दास्ताँ आपकी यूँ दिल में उतर जायेगी
आप की खूबियां गिनने की इजाज़त दे दो
एक ही बात में ये रात गुज़र जाएगी

क़िस्सा ए ग़म को सुनाने की इजाज़त दे दो
एक ही बात में ये रात गुज़र जाएगी
-असीम मनमोहन सिंह

3.

तू ज़मींदार मैं ग़रीब किसान
बेच दूँ कैसे अपनी इज़्ज़त को
जिससे बन जाऊँ मैं ग़ुलाम तेरा
क्या करूँ ले के ऐसी राहत को

जिससे धड़का लगा रहे ग़म का
क्या करूँ ले के ऐसी राहत को
-अख़्तर अंसारी

4.

आई थी गहनों से लद के सर ता पा
दो ही कपड़ों में तू खाली जाएगी
दे सकी ना एक भी बेटा मुझे
आज तू घर से निकाली जाएगी

ए तमन्ना तुझ को रो लूँ शाम ए वस्ल
आज तू घर से निकाली जाएगी
-जलील मानिकपुरी

5.

"दूर यू एस में बसा है बेटा
शुक्र है आज ये तदबीर तो है
बात कर लेते हैं स्काइप पे हम
तू नहीं है तेरी तस्वीर तो है

दिल के बहलाने की तदबीर तो है
तू नहीं है तेरी तस्वीर तो है
-शकील बदायुनी

6.

"चली गई हमें औलाद छोड़ कर तनहा
नज़र के सामने कितने ही कारवां गुज़रे
अगर न जाएँ वृध्दाश्रम या पार्क मंदिर में
तो फिर ये कैसे कटे ज़िन्दगी कहाँ गुज़रे

अगर न ज़ौहरा जबीनों के दरम्यां गुज़रे
तो फिर ये कैसे कटे ज़िन्दगी कहाँ गुज़रे
-जिगर

7.

जिसे है ख़ौफ़ ख़ुदा का वही है मेरा मक़ाम
बशर के दिल ही में हूँ पर अयाँ नहीं हूँ मैं
मेरी तलाश में दैरो हरम में फिरते हो
वहीं प ढूंढ रहे हो जहाँ नहीं हूँ मैं

अजीब लोग हैं मेरी तलाश में मुझको
वहीं प ढूंढ रहे हैं जहाँ नहीं हूँ मैं
-राहत इंदौरी

8.

जानोज़र हो अगर महफ़ूज़ हर इक इंसां का
लोग आराम से सोते हैं गुज़र होता है
आप कहते हैं अमन चैन का माहौल है अब
कौन से शहर में होता है किधर होता है

लोग कहते हैं महब्बत में असर होता है
कौन से शहर में होता है किधर होता है
-मुसहफ़ी

9.

नहीं ढूंढने से भी मिलते वो जांबाज़
वतन पर सभी कुछ लुटा देने वाले
सियासत है मतलबपरस्तों की दुनिया
बहुत मिल रहेंगे दग़ा देने वाले

अगर दिल सलामत रहेगा तो आसी
बहुत मिल रहेंगे दग़ा देने वाले

-आसी उल्दनी

10.

नहीं दे सके तुम मुझे बाप का नाम
ज़माने का इलज़ाम तुम पर रहेगा
हरामी कभी भी न होती है औलाद
मेरी बात छोड़ो, तुम्हें क्या कहेगा

जो देखेगा रोते मुझे, तुमको हँसते
मेरी बात छोड़ो तुम्हें क्या कहेगा

-आरज़ू लखनवीं

11.

अदालतों में अदल का निशाँ नहीं मिलता
मुवक्किलों को कोई हमज़बां नहीं मिलता
बिके हुए हैं यहाँ सब गवाह मर्डर के
मेरे बयाँ से किसी का बयाँ नहीं मिलता

बना दिया मेरी सच्चाई ने मुझे मुजरिम
मेरे बयाँ से किसी का बयाँ नहीं मिलता

12.

बज़्म में यूँ ही कब आता है कोई
लुत्फ़ ग़ज़लों का उठाता है कोई
शेर मक़बूल ही कहना वर्ना
हौसला किसका बढ़ाता है कोई

चाहिए ख़ुद प यक़ीं ए कामिल
हौसला किसका बढ़ाता है कोई
-शकील

मुक्तक

1.

खौफ उनको नहीं होता है कभी नाज़िम का
मुश्किलें आती हैं आये वो कहाँ डरते हैं
ज़िंदा रहते हैं हमेशा वो दिलों में सब के
अच्छे शायर ये सुना है के कहाँ मरते हैं

2.

तुम्हारे हाथ ही में ज़ीस्त की तस्वीर होती है
ये सब अपनी बनाई पाँव में ज़जीर होती है
अगर तुम ठान लो तो क्या नहीं मुमकिन ज़माने में
जो तुम तदबीर करते हो वही तक़दीर होती है

3.

ज़ख्म कितना भी दिल में गहरा हो
वक़्त के साथ भर ही जाता है
हार मानी न जिसने गर्दिश में
बख़्त उसका संवर ही जाता है

4.

कोई भी हो हर एक की चाहत है दोस्ती
हर हाल में सुकून है ताक़त है दोस्ती
देता है तेरा साथ यूँ जीने का हौसला
मुश्किल कभी जो आये तो राहत है दोस्ती

5.

फ़र्ज़ कोई भी हो ईनाम कहा है मैंने
अपने हर काम को आराम कहा है मैंने
आज जिस हाल में जैसी भी गुज़र होती है
अपनी मेहनत का ही अंजाम कहा है मैंने

6.

कोई मुश्किल हो बहुत आम कहा है मैंने
जो ख़ुदा ने दिया ईनाम कहा है मैंने
मेरी औक़ात कहाँ कह सकूँ जो एक भी शेर
जो भी ग़ज़लें कही इल्हाम कहा है मैंने

7.

पानी खाद बीज कब काफ़ी
ख़ून पसीना भी लगता है
हम मौसम की मार भी सहते
तू अपने घर में रहता है

8.

एक तोहफा है ख़ुदादाद ये सांसें तेरी
ऐब से ख़ुद को ज़माने को बचाते रहिये
आपसी प्यार ही मरकज़ है हर इक मज़हब का
क्या ज़रूरी है के हर रस्म निभाते रहिये

9.

उसे जब देखती है ख़ुद का बचपन याद आता है
हंसी सुन ले दुलारे की तो ख़ुद भी खिलखिलाती है
दुआ उसकी कवच बन कर हमेशा साथ है उनके
वो माँ ही है जो हर मुश्किल से बच्चे को बचाती है

10.

सम्बन्धों की सुंदरता इक गरिमा होती है
बहतर यही है हर रिश्ते की सीमा होती है
नदी किनारे पार करे तो आफ़त बन जाये
बंधन में बहती है तब ही महिमा होती है

11.

ग़ज़लें हों गीत नज़्म की है जान तरन्नुम
शायर का गीतकार का अरमान तरन्नुम
झरना नदी हवा सुरीला राग सुनाती
संसार में हर शय की आनबान तरन्नुम

12.

नीयत हो तेरी साफ़ और सच्ची हो भावना
ख़ुद पर हो गर भरोसा, रहे उसमें आस्था
करना तू कर्म साधना, रुकना न हार कर
हो कर रहेगी पूरी तेरे मन की कामना

13.

रूप रंग सत्ता शौहरत का यूँ भी नशा हो जाता है
पैसे दो चार जो आ जाएँ इंसान ख़ुदा हो जाता है
दौलत की अंधी दौड़ में कुछ यूँ शामिल बरखुरदार हुआ
बेटी ही नहीं इस दौर में अब बेटा भी विदा हो जाता है

14.

कमतर या खूब कहता रहे ये जहाँ मगर
हमसे हमारी दास्ताँ कहता है आइना
होता है आदमी वही दुनिया में कामयाब
नज़रों के जिसके रूबरू रहता है आइना

15.

गुमां हो बहारों का दौरे ख़िज़ां में
तू गुलशन को एसा चमनसाज़ देना
वतन की तरक़्क़ी तभी हो सकेगी
जो सर मुस्तहक़ है उसे ताज देना

16.

जो भी सच की राह पर हरदम चला
उसको दुनिया से भला क्या वास्ता
मंज़िल ए मक़सूद की धुन हो अगर
मिल ही जाएगा उसे फिर रास्ता

17.

बात करती हैं तेरी आँखों यूँ
इससे ज़्यादा भी क्या कहे कोई
ख़ूबसूरत हो शायरा भी हो
तुमको देखे या अब सुने कोई

18.

कर्म की बात करे कोई गीता हो जाती है
शब्द से शब्द जो मिलते हैं कविता हो जाती है
अलग अलग रहने से तो कुछ बात नहीं बनती
बूंद से बूंद जो मिल जाये सरिता हो जाती है

19.

जुनूं हो जाये गर मंज़िल का जिसको
महीने साल क्या दिन रात क्या है
करो ए दोस्त अपने दम प हासिल
ये मज़हब ज़ात की ख़ैरात क्या है

20.

कोई तक़रार हो, बेअदबी न होने पाए
ख़त्म कर डालो अगर बात अना तक पहुंचे
बद्दुआ ले न किसी की, रहे मक़सद तेरा
जो दुआ दिल से निकलती है ख़ुदा तक पहुंचे

21.

मदद करता नहीं कोई भी जब तक ख़ुद न वो चाहे
नहीं समझा है ये जिसने सदा क़िस्मत को रोता है
कहोगे क्या किसी से? कब? कहां? कैसे? ज़रा सोचो
कोई भी बात कहने का मुनासिब वक़्त होता है

22.

तुम्हारा हमसफ़र हो कोई भी, आँखों खुली रखना
लुटोगे रहनुमा के हाथ रहज़न भूल जाओगे
ज़माना ही कुछ ऐसा है भरोसा अब किसी का क्या!
दग़ा जब दोस्त ही देंगे तो दुश्मन भूल जाओगे

23.

ये माना इल्म की ख़ातिर ज़रूरी है बहुत मकतब
के चलना सीख जाता है बशर इल्मी उजालों में
सबक़ ऐसे भी हैं जो सीखते हैं ठोकरें खाकर
सभी कुछ तो मयस्सर हो नहीं सकता किताबों में

24.

ज़रा सी बात पर अश्कों से ये दामन भिगोना क्या!
यूं ही रोते रहोगे तुम तो हंसना भूल जाओगे
कोई मक़सद तो होना चाहिए इस ज़िन्दगानी में
न होगी गर कोई मंज़िल तो चलना भूल जाओगे

25.

कोई जो तुमसे मिलने के लिए फ़रियाद करता है
है मुमकिन वो तुम्हारी ज़िंदगी आबाद करता है
मुक़द्दर से ही मिलता है किसी को चाहने वाला
वगरना कौन किसको किसलिए अब याद करता है

26.

जहां में रंजो ग़म अपने छुपाना किसको आता है
ये आंसू पी के यूँ हंसना हंसाना किसको आता है
क़रीब आए तो हिम्मत देखकर मेरी, ठिठक जाए
नज़र में मौत भी हो, मुस्कुराना किसको आता है

27.

कोई लाचार नाउम्मीद हो मायूसी का आलम
दो मीठे बोल मिल जाएं बहुत आराम पड़ता है
कोई कितना भी क़ाबिल हो अकेला रह नहीं सकता
जहां में आदमी को आदमी से काम पड़ता है

28.

बड़ी नेमत ख़ुदा की है बनाया आदमी तुझको
मशक़्क़त और नीयत साफ़ रखने की ज़रूरत है
नज़रिया जैसा हो वैसा ही आँखों देखती मंज़र
ये दुनिया हो या ये जीवन बहुत ही खूबसूरत है

29.

निखरता है जो सोना आग से होकर गुज़रता है
पढ़े जो चोट पत्थर पर तभी तो बुत उभरता है
बने हैं तेरे ही हक़ में जहां में क़ायदे क़ानून
कहीं जो क़ैद लगती है वहीँ इंसां निखरता है

30.

जो रिश्ते बेशक़ीमत हैं चुकाओ मोल भी उनका
बहुत बर्दाश्त करना है बहुत अपनों की सहना है
सलीक़ा ये ज़रूरी है बहुत इंसाँ को दुनिया में
कहां क्या बोलना है और कहां ख़ामोश रहना है

31.

रहे ना जिस्म फिर भी ज़िंदा रहता है सदा लेखक
हमेशा ही रहेगा" है " कभी "था" हो नहीं सकता
ख़ुशी या ग़म हो तेरा साथ ये हरदम निभाती हैं
किताबों से तो बढ़कर दोस्त दूजा हो नहीं सकता

32.

यहां पर हाथ मिलते हैं यहां पर जिस्म मिलते हैं
वो ख़ुशक़िस्मत हैं दुनिया में जहां दिल दिल से मिलता है
हवस को प्यार का अब नाम देते हैं जहां वाले
भरोसा कर सकें जिस पर बहुत मुश्किल से मिलता है

33.

सोते हुओं को अब न जगा दूं तो बात क्या!
दुनिया के रंजो ग़म न भुला दूं तो बात क्या!
करता हूं दोस्त शायरी तंज़-ओ-मिज़ाह की
रोते हुओं को फिर न हंसा दूं तो बात क्या!

34.

माना क ज़िंदगी में है दुश्वारियां बहुत
इंसान को जहां में परेशानियां बहुत
हिम्मत से काम ले कभी टूटे न हौसला
आख़िर ख़ुदा की भी है मेहरबानियां बहुत

35.

हासिल किया है कुछ, अभी बाक़ी बहुत मगर
रुकने को ज़िंदगी में है मोहलत कहां मुझे
मंज़िल है दूर मुझको तो चलना है उम्र भर
थक हार बैठ जाऊं ये फ़ुर्सत कहां मुझे

36.

होता है फ़र्क़ दिल्लगी और दिल लगी में दोस्त
उल्फ़त के भेस में यहां अय्यारियां बहुत
रस्ता न देख पाओगे मंज़िल का तुम कभी
माज़ी की होगी दिल में जो परछाइयां बहुत

37.

कुर्सी नहीं रही तो वो शौहरत नहीं रही
घर में हमारी पहली सी इज़्ज़त नहीं रही
हमने फिर इस जहान को अपना बना लिया
अपनों को जब हमारी ज़रूरत नहीं रही

38.

दिखती नहीं हवा तो जहां में हवा नहीं?
इसके बग़ैर शख़्स का नामोनिशां नहीं
उसके बग़ैर ये ज़मीं ये आस्मां कहाँ
दिखता नहीं ख़ुदा तो क्या बोलो कहां नहीं!

39.

कैसे बयां करूं मैं ये नायाब शख्सियत
हासिल किया जो आपने अब तक कमाल है
लाज़िम है आदमी को वो हिम्मत से काम ले
गर दिल में हौसला न हो जीना मुहाल है

40.

बहाना ही पड़ेगा ख़ू पसीना जीत की ख़ातिर
न हासिल हो सकेगा कुछ कभी भी दाम से पहले
चले जाओगे बेनामो निशां दुनिया से फिर प्यारे
तुम्हारा काम आएगा तुम्हारे नाम से पहले

41.

ख़ुशी गर चाहिए ग़म से गुज़रना भी ज़रूरी है
जो चलना है तो गिर गिर कर संभलना भी ज़रूरी है
नई तामीर की ख़ातिर गिराते हैं पुरानी को
के दोबारा मिलें तुमसे बिछड़ना भी ज़रूरी है

42.

क्या मिला उसको जो मनमानी सदा करता रहा
वक़्त के सांचे में ही ताज़िन्दगी ढलता रहा
याद रक्खा है उसी इंसान को इंसान ने
कामयाबी को जो अपने आप से लड़ता रहा

गीत

1. कोवीशील्ड या कोवैक्सीन

कोवीशील्ड या कोवैक्सीन
है वैक्सीन न ऐसी वैसी
अब कोरोना ऐसी की तैसी

ये वैक्सीन तो है सरकारी
दूर भगाएगी महामारी
आई करके सब तैयारी
फिर तुमको घबराहट कैसी
अब कोरोना ऐसी की तैसी

इसका पूर्ण समर्थन करना
हो बुख़ार या दर्द न डरना
कॉल हेल्पलाइन पर करना
कहाँ गोरमेंट अपनी जैसी
अब कोरोना ऐसी की तैसी

किसी भी अफ़वाह में ना आओ
आओ सब टीका लगवाओ
निर्भय हो अपने घर जाओ
जीओ ज़िन्दगी पहले जैसी
अब कोरोना ऐसी की तैसी

2. कागज़ की महिमा

कागज़ ही तो सब कुछ है अब
कागज़ ही पहचान हमारी
कागज़ पूरे फिर क्या डरना
बाबू हो या हो व्यापारी

पुस्तक कॉपी फाइल रजिस्टर
कागज़ ही के बने हुए हैं
साह्स कौशल यश के क़िस्से
कागज़ पर ही लिखे हुए हैं

फोन आईपेड या कम्प्यूटर
इनका नहीं भरोसा कोई
वायरस आया उड़ गया सब कुछ
नामनिशान रहा ना कोई

शादी हो या जनम मरण हो
कागज़ के बिन रहे अधूरा
कॉलेज ऑफ़िस का सपना भी
कागज़ की डिग्री से पूरा

देश विदेश कहीं भी जाओ
परमीशन मिलती कागज़ पर
पिक्चर मेला रेल प्लेन हो
सब की टिकिट बनी कागज़ पर

झूठा भी बन जाये सच्चा
दर्ज हुआ है गर कागज़ पर
छूटेगा या जेल मिलेगी
निर्णय भी होता कागज़ पर

देश विभाजित होता है जब
पहले कागज़ पर होता है
जीत मिली या किया समर्पण
कागज़ पर लिक्खा होता है

जिसके कागज़ ज़मीं उसी की
दौलत भी तो है कागज़ की
जो औलाद को हुई वसीयत
वो भी तो होती कागज़ की

कागज़ पर क़ानून लिखा सब
कागज़ को हल्का मत जानो
विद्या धर्म सभी कागज़ पर
कागज़ की महिमा पहचानो

पैरोडी

1. ज़िंदगी हो गई
('ए ग़म ए ज़िंदगी' की तर्ज़ पर)

ज़िंदगी हो गई किस क़दर खुशनुमा
तू ही मेरा सनम तू ही मेरा ख़ुदा
तू है दिल के क़रीब फिर है क्यूं फ़ासला
तू ही मेरा सनम तू ही मेरा ख़ुदा

तेरा ही ज़िक्र है मेरे नग़मात में
तेरी ही बात है मेरी हर बात में
मेरी हर सांस में तू ही हमदम बसा
तू ही मेरा सनम तू ही मेरा ख़ुदा

जाने क्यूं हर घड़ी अब है तेरा ख़्याल
खूबसूरत है तू और तेरा जमाल
मेरा जो कुछ भी है हो गया है तेरा
तू ही मेरा सनम तू ही मेरा ख़ुदा

खुशनसीबी है ये एक वरदान है
इश्क़ हो जाए तो जीना आसान है
दिल में रहता नहीं कोई शिकवा गिला
तू ही मेरा सनम तू ही मेरा ख़ुदा

तेरी आमद से ये ज़िंदगी शाद है
साथ तेरा रहे ये ही फ़रियाद है
जो भी तुझसे मिला है तेरा शुक्रिया
तू ही मेरा सनम तू ही मेरा ख़ुदा

2. इंसां के जीवन में
('इक दिन बिक जायेगा' की तर्ज़ पर)

इन्सां के जीवन में कर्मों का है मोल
ख़ुद को ग़र तू बदले, बदलेगा माहौल
दूजे को जो देगा अच्छा या बुरा
वापस आ जाएगा ये दुनिया है गोल

अपना हो या ग़ैर कोई तुझको तड़पाये
हिम्मत से ले काम हमेशा, क्यूँ घबराये
क्या डरना, क्या थकना, क्यूँ रुकना, है बढ़ना
मंज़िल पा जाता है जो भी चलता जाए
जग में, तू आया है, करने अव्वल काम
मरना, है बेमानी, ये जीवन अनमोल

प्यारा जो होता है प्यारी बात कहेगा
हंसकर ही हर मुश्किल को जीवन मे सहेगा
जिसने भी, ये जाना, है ख़ुद को, पहचाना
वो मर भी जाये उसका नाम रहे ज़िंदा
इंसा नहीं रहता है, रह जाती है याद
कुछ भी, गर तू बोले, पहले उसको तोल

3. एफ बी पर हैं
(‘ओ मैं रोया परदेस में’ की तर्ज़ पर)

एफ बी पर हैं फ्रेंड्स खूब समझे इसमें शान
ग़ैरों से पहचान है अपनों से अन्जान

क्यूं दौलत का इस क़दर इंसाँ को अरमान
ख़्वाहिश गर कुछ कम करे जीना है आसान

जैसा भी जितना मिला जीवन है वरदान
चिंता में मुश्किल बहुत वरना है आसान

उसका ही तो दोस्तों होता है गुणगान
घर के बाहर मरसीडीज़ बंगला आलीशान

इससे बहतर कुछ नहीं अव्वल है इन्सान
उसकी ही फिर जीत है जो ले दिल में ठान

दुनिया में आया है क्यूं कर कुछ इस पर ध्यान
मरना तो आसान है जीना तेरी शान

काम क्रोध लालच में ही लिप्त रहा इंसान
दौलत तो पाई बहुत खो बैठा ईमान

जीते हैं अपने लिए जीवन की अब रीत
मतलब अपने काम से कौन है किसका मीत

साथ न तेरा दे कोई तू ख़ुद बन बलवान
जीवन ये अनमोल है समझे गर इंसान

पाल पोस के बड़ा किया प्यार किया भरपूर
आँखों जब धुंधली हुई वो आँखों से दूर

4. बीमारियों का बोझ

('मैं ज़िंदगी का साथ' की तर्ज़ पर)

बीमारियों का बोझ यूँ ढोता है डॉक्टर
दो चार घंटे ही कभी सोता है डॉक्टर

जब ज़िंदगी या मौत का हो सामने सवाल
भगवान सा मरीज़ को होता है डॉक्टर

छुट्टी मनाएं सैर सपाटा करे हैं दोस्त
आसाइशें जवानी की खोता है डॉक्टर

जो झोला छाप है वहां ख़तरा है जान का
बचना! वो सिर्फ नाम का होता है डॉक्टर

करते हुए इलाज जो खो बैठता है जान
शिकवा न लब पे लाए वो होता है डॉक्टर

5. गर प्यारा ईमान
('फूल भरे हैं दामन दामन' की तर्ज़ पर)

गर प्यारा ईमान रहेगा
तो सच्चा इंसान रहेगा

वो क्या जानेगा खुशियों को
जो ग़म से अंजान रहेगा

इक दरवाज़ा खोल के रखना
लौट आना आसान रहेगा

अब तो मुझको जाना होगा
कब तक इक मेहमान रहेगा

6. दिल है बेताब
('ज़िंदगी जब भी तेरी बज़्म में' की तर्ज़ पर)

दिल है बेताब वो फ़ुर्सत के ज़माने मांगे
ज़िन्दगी अब मेरी जीने के बहाने मांगे

दरम्यां अपने तअल्लुक़ का भरम रख लेते
हमने कब तुमसे मुहब्बत के ख़ज़ाने मांगे

दफ़अतन मिल गए हमसे तो क्यूं इसरार हुआ
गुनगुनाये जो कभी साथ, तराने मांगे

अपनी कोशिश वो कभी याद न आयें हरगिज़
और दुनिया वही उल्फ़त के फ़साने मांगे

7. तेरी खुशबू मेरी

('कोई फ़रियाद' की तर्ज़ पर)

तेरी खुशबू मेरी सांसों में बसी हो जैसे
पहले भी तुझसे मुलाक़ात हुई हो जैसे

बेख़ुदी में तेरी जानिब ही बढ़ा जाता हूं
तू भी मिलने को मुझे घर से चली हो जैसे

तेरी मदहोश नज़र कह रही है अफ़साने
अपने दिल की ही कोई बात सुनी हो जैसे

गुफ़्तगू तुझसे किये जाये मुझे दीवाना
तेरी हर बात में कुछ बात नई हो जैसे

प्यार की राह पे क्यूं फिर से चला जाता हूं
आरज़ू कोई मेरे दिल में बची हो जैसे

8. ज़िंदगी हार है जीत है
('ज़िंदगी प्यार का गीत है' की तर्ज़ पर)

ज़िंदगी हार है जीत है
इसे हर पल निभाना पड़ेगा
ज़िंदगी इक युगल गीत है
साथ मिल कर ही गाना पड़ेगा

कुछ भी आसां नहीं है यहां
हर कोई है परेशां यहां
जो भी हासिल करोगे यहां
मोल उसका चुकाना पड़ेगा

गीत गज़लों की बारिश हुई
शाम कितनी सुहानी हुई
हर किसी की ज़ुबांनी हुई
भूलने में ज़माना लगेगा

ऐसी महफ़िल सजेगी कहां
ऐसे श्रोता मिलेंगे कहां
आज जाते हैं गर हम तो क्या
आपको फिर बुलाना पड़ेगा